A nadie le interesan tus anuncios

Iván Fanego

Fecha original de publicación: 5 de agosto de 2018.

Fecha de la *segunda edición:* 3 de noviembre de 2018.

Fecha de la *tercera edición: 21 de mayo de 2021.*

ISBN: 9781718118003

Escrito por Iván Fanego.

Este obra está bajo una licencia de Creative Commons Reconocimiento-NoComercial-CompartirIgual 4.0 Internacional. (**CC BY-NC-SA 4.0).**

Eres libre de:

- **Compartir** — copiar y redistribuir el material en cualquier medio o formato

- **Adaptar** — remezclar, transformar y construir a partir del material

Siempre que cumplas estos principios:

- **Atribución** — Debes dar crédito de manera adecuada, brindar un enlace a la licencia, e indicar si se han realizado cambios. Puedes hacerlo en cualquier forma razonable, pero no de forma tal que sugiera que tú o tu obra tienen el apoyo del licenciante.

- **NoComercial** — No puedes hacer uso del material con propósitos comercia-les.

- **CompartirIgual** — Si remezclas, transformas o creas a partir del material, de-bes distribuir tu contribución bajo la misma licencia del original.

Portada diseñada por Alfonso Jiménez, de Ziddea.com

Imagen: Ryoji Iwata (Unsplash).

*A todas las personas que queréis dejar de
interrumpir*

Índice

Breve nota a la segunda edición	13
Y llegó "la tercera edición"	15
Prólogo	19
La revelación	27
Parte I: las grandes promesas incumplidas	**37**
El fin de la publicidad que se esperaba en los 2000 nunca llegó	41
Para qué sirve la publicidad	42
¿Por qué funcionaba tan bien?	45
Las grandes Profecías del "Fin de la Publicidad"	47
Los mercados serían conversaciones	51
El mundo estaría dominado por los nichos	52
La web 2.0 y el usuario como productor de contenido	53

El nuevo papel de la publicidad visto desde el prisma de la primera mitad de los 2000	55
Qué pasó realmente	56
La llegada del público masivo	53
La publicidad como droga 2.0	57
Sin embargo…	60
Porque fuimos incapaces de encontrar una alternativa viable a la publicidad	61
El primer gran asalto a la publicidad de interrupción fracasó	62
Parte II: estamos a las puertas de un nuevo asalto	**63**
¿Ha llegado el principio del fin?	67
Consumidores saturados, bloqueando la publicidad y huyendo a plataformas de suscripción libres de anuncios	67
La crisis de atención y el exceso de contenido	68
Los anuncios se han convertido en algo optativo y fácilmente bloqueable	74

Los modelos de suscripción: pagar para no ver anuncios — 81

El duopolio publicitario — 92

El fraude global — 98

Sin contar con los accidentes… El dedo gordo está ahí — 99

Recapitulando — 100

Parte III: qué alternativas tenemos — 104

Llegamos al cruce de caminos — 109

El Fin de la Publicidad tal y como lo conocemos — 112

Las soluciones de Essex al "fin la publicidad" — 114

Diagnosticar la enfermedad es fácil. Curarla, no tanto — 120

¿Por qué la publicidad de interrupción ha mantenido su reinado? — 123

El dinero de la publicidad ha moldeado la mayor parte de las industrias de entretenimiento en los últimos siglos — 123

La inercia y el miedo a lo desconocido	128
Y ahora, ¿qué?	128
En busca de alternativas a la publicidad masiva	130
Los nuevos intentos	131
Los 3 grandes retos a los que debe responder cualquier solución que venga a "salvar la publicidad"	137
El cruce de caminos	142
Epílogo	145
Agradecimientos	153
Sobre el autor	155

Breve nota a la "segunda edición"

Han pasado menos de 3 meses desde que publiqué la primera versión de *"A nadie le interesan tus anuncios"*. Acabé tan cansado de escribir que apenas me limité a publicarlo en redes sociales y a comentarlo con amigos. No esperaba una gran respuesta, pero sin que esto haya llegado a ser el *bestseller* del siglo, debo confesar que el modesto éxito alcanzado me ha sorprendo, ilusionado y… Molestado un poco.

Digo que me molestó porque confieso que subí la primera versión casi sin revisar, sin haberme tomado el tiempo de releer todo sosegadamente, de pulir los detalles o de asegurarme de que hubiera coherencia alguna. Varios amigos (todos citados en los agradecimientos) se decidieron a comprarlo al momento.

Lo agradezco enormemente, pero me metió cierta presión saber que había alguien al otro lado. A partir de ese momento, todo fue en cadena. Con el poco tiempo libre que tenía, me las tuve que arreglar para maquetar la versión en papel, corregir las erratas más flagrantes y hacer un pedido que se agotó el mismo día (benditos compañeros de oficina). Poco a poco pude ver cómo antiguos conocidos, amigos de amigos, gente con la que no había hablado en años y desconocidos se molestaban en comprar el libro.

Presenciar cómo este libro se colaba en el top 100 de gestión y economía en Amazon, desplazando a autores de renombre, como Kiyosaki, Daniel Lacalle o Varoufakis, recibir emails del mundo universitario que se interesaban por lo que tenía que decir o ser testigo de conversaciones en Twitter que acababan en una nueva compra (sin intervención por mi parte) son escenas que, mientras sudaba escribiendo en la habitación, no imaginaba que llegaría a ver. No es momento de ponerse ñoño, pero gracias. Gracias.

Llamar segunda edición a un libro autoeditado que se imprime bajo demanda puede parecer pretencioso, pero aunque esta no es la primera vez que subo una nueva versión, sí es la primera en que he repasado el texto completo. Hay muchos cambios, aclaraciones y mejoras. La esencia se mantiene, pero ahora está mejor contada (o eso espero). Si ya has leído el libro y te has comprado esta nueva versión en papel apenas notarás el cambio. Todo fluye un poco mejor, pero tendrás la sensación de que es la misma obra (*y lo es, si la has vuelto a comprar pensando otra cosa, dime y te reembolso el dinero, aunque sea tomando unas cervezas*).

Si es la primera vez… Sólo quería darte la bienvenida.

Y decirte, una vez más, gracias.

Madrid.

3 de noviembre de 2018.

Y llegó la "tercera edición"

¿Qué puedo decir para dar la bienvenida a esta tercera edición?

Han pasado casi tres años desde que, por una apuesta, (auto) publiqué este libro en Amazon.

Como decía en la breve nota que acabas de leer, la respuesta, dentro de su modestia, me sorprendió. Y lo sigue haciendo.

El libro ha sido parte de varios cursos universitarios (vale, varios son dos), ha sido recomendado en algún que otro máster, me llevó a ser entrevistado en Marketing Directo, participar en su podcast o escribir en El Publicista.

Reviews positivas, mensajes en Instagram que me arrancaban sonrisas muchas mañanas…

Escribir es lanzar una botella al vacío, y esta llegó a más puertos de los que esperaba.

Es difícil, en un mercado editorial tan competitivo y con los hábitos de lectura medios, llegar a mucha gente, menos con un libro especializado. En un momento dado, alguien tiene que elegir entre leer a Seth Godin o a un tal Iván Fanego, y no puedo estar más agradecido a todas las personas que me dedicaron esas valiosas dos o tres horas.

Pero la pregunta clave, una que trato de abordar

cada vez que tengo un curso o ponencia sobre el tema, es: ¿qué ha pasado? ¿se ha hundido la publicidad

Una de las críticas recibidas por el libro es que *"no llegaba a una conclusión clara"*. Creo que fue algo acertado: sigo pensando que no hay una respuesta rotunda. En *The End of Advertising* (2017), Andrew Essex pronosticaba un gran cambio *"de aquí a cinco años"*: eso es el año que viene. Y, con toda la evolución sufrida, no es lo que se pronosticaba.

Entre medias hemos vivido una pandemia, de la que empezamos a salir mientras escribo esto, que ha afectado claramente a la industria. Pero no se trata de ese "gran cambio estructural" augurado.

A pesar de eso, sigo siendo optimista: cada vez hay más proyectos que incorporan valores de utilidad y relevancia en su ADN. El famoso "Aprendemos Juntos" de BBVA se ha convertido en... Bueno, en toda una muestra a nivel global de que las cosas se pueden hacer de otra forma.

Aunque los problemas de fondo siguen sin terminar de resolverse (la retribución de los creadores de contenidos, la dificultad para captar la atención, la concentración del sector en dos o tres compañías en todo el mundo...), cada vez hay más propuestas interesantes y creo que las seguirá habiendo.

Quizá en algún momento de este año o de 2022, me anime con una "segunda parte": un manual para sobrevivir sin interrumpir. De momento, me contento con poder firmar estas líneas de agradecimiento.

En esta tercera "edición" el gran cambio está en el prólogo, escrito por Asier Albistur. ¿Debería haber actualizado los datos? Puede ser, pero la tendencia es más o menos la misma, y creo que este libro ha cumplido su ciclo, por lo que prefiero dejarlo como está.

Como decía, quizá tengamos un *"A nadie le interesan tus anuncios 2: un manual para sobrevivir en el ocaso de la publicidad de interrupción"*, quizá no (escribir es más duro de lo que parece). Pero si te apetece que lo haga, escríbeme a fanego@gmail.com, cada mail recibido me ayudará mucho a dar ese paso.

De nuevo, gracias por estar al otro lado, apoyar una obra independiente y, sobre todo, tratar de aportar valor en un mundo lleno de ruido.

Con cariño,

Iván Fanego

Madrid.

21 de mayo de 2021.

Prólogo

Asier Albistur

Éste no es otro libro sobre la muerte de la publicidad. El título podría dar pie a equívocos en una época de titulares sensacionalistas y *clickbait*, pero en realidad no hace más que expresar un factor con el que la industria en la que llevo trabajando toda mi vida ha tenido que lidiar desde sus inicios: el rechazo que siente por ella gran parte de su audiencia.

Hace tiempo que desde las marcas y las agencias se aceptó esta premisa de partida. De primeras, nadie en su sano juicio disfruta con los mensajes comerciales. No queremos que nos dirijan la atención, que nos traten de convencer sobre lo que en realidad no nos interesa y, mucho menos, que interrumpan nuestro disfrute de un contenido o una experiencia. Sin embargo, como usuarios nos hemos acostumbrado a que ciertos productos y servicios gratuitos estén invadidos por la publicidad a cambio de que, precisamente, sigan siendo gratuitos. Como expresa la famosa frase del ejecutivo publicitario Scott Goodson: *Si no estás pagando por ello, es que el producto eres tú*.

Y la gente está harta de ser el producto.

Sobre esta permanente lucha de las marcas por conectar con las personas versa este libro.

Un libro escrito desde la visión práctica, didáctica y constructiva de un profesional del marketing que ha crecido y evolucionado para saber enfrentarse a tiempos en constante cambio. Y es que si algo destaca de Iván Fanego es su inquietud y curiosidad incansables, que enfoca a un perfecto equilibrio entre visión académica y desempeño personal. Iván devora libros y artículos sobre innovación empresarial, emprendimiento y comunicación a un ritmo verdaderamente admirable y así es capaz de incorporar diversas teorías y puntos de vista de gurús de ayer y de hoy en sus aproximaciones. Al mismo tiempo, es capaz de incorporar los aprendizajes de todos esos expertos a su día a día de un modo muy pragmático, sin buscar la cuadratura del círculo en una profesión cuyo secreto no deja de ser el sentido común.

Iván Fanego tiene una capacidad casi innata de provocar la reflexión en los demás. Estés o no de acuerdo con sus ideas es imposible que lo que expone no te haga pensar. Contagia su entusiasmo y su mirada abierta en cualquier conversación y logra hacer lo mismo en el libro. Es fácil apreciar en sus páginas las ganas de, no tanto convencer al lector, sino hacerle dudar y plantearle la posibilidad de que quizás existan formas alternativas a las que da por hecho.

Iván no es un *"vendehumos"*. En un sector tan dado a tratar de atraer la atención constantemente, es muy habitual encontrarse con supuestos profetas y aleccionadores de poca monta, expertos que tratan de camuflar su falta de ideas con conceptos rimbombantes. Tampoco cae en tratar de dar importancia a su discurso menospreciando lo que hasta entonces había estado establecido. Cuando Iván Fanego cuestiona prácticas anteriores lo hace siempre desde la plena consciencia de que retarse constantemente es la única forma de mejorar y evolucionar, pero con una clara vocación por rescatar y mantener muchos principios que siguen estando vigentes desde los inicios del *marketing*. De ahí la estructura de este libro, en secuencia cronológica. La descripción de distintos momentos de pujanza y de crisis que han configurado el sector durante las últimas décadas permite conocer lo que ha funcionado y no en el sector, para poder reforzar lo positivo y ser críticos ante lo negativo.

A nadie le interesan tus anuncios está dividido en tres bloques que recorren las tres fases de lo que se plantea como un periodo de transición entre la era analógica o tradicional y la era actual, post digital.

El primer tercio del libro trata los orígenes de la primera crisis publicitaria. En la primera oleada de la digitalización surgieron múltiples teorías que auguraban el fin de la publicidad y hasta de la *"economía de masas"*. Algunos expertos como Seth Godin en su tesis sobre el *Permission Marketing* se aventuraron a lanzar la hipótesis de que ante un entorno muy saturado y cada vez más segmentado, la publicidad dejaría de ser eficaz por falta de capacidad de atención del público.

El libro menciona también a otros expertos que previeron la radical evolución de la publicidad, como David Meerman Scott, quien definió cuatro formas de captar la atención de la "audiencia" en un mundo cada vez más retador para las marcas: comprarla (*buy*), molestar (*bug*), rogar (*beg*) o ganarla (*earn*). El autor pone en duda su tesis de que sólo la atención ganada es eficaz, si bien comparte que es el ideal.

La segunda parte del ensayo plantea lo que Iván considera una nueva oportunidad para construir un modelo publicitario eficaz y relevante. Nuevos recursos tecnológicos en manos de los usuarios, como los bloqueadores o el acceso a plataformas de contenidos de pago a cambio de librarse de la publicidad hacen que los formatos de interrupción tengan cada vez más difícil impactar.

No obstante, el autor matiza las posibles mejoras que la tecnología aporta a marcas y a usuarios, debido al control de los medios digitales por un duopolio que impone sus propias reglas. En este panorama, además, canales "tradicionales" como la televisión siguen teniendo una posición de liderazgo en cuanto a impacto publicitario masivo, aunque el libro plantea que su reinado tiene visos de acabar en los próximos años frente a nuevas formas de consumo de contenidos.

En el último tramo el autor se atreve a prever escenarios futuros. Parte del resumen del libro *The End of Advertising* de Andrew Essex para discutir algunas de sus ideas y enumera posibles alternativas a la publicidad de interrupción y, sobre todo, formas de no caer en los abusos e ineficacias que han lastrado la industria.

Cuando conocí a Iván Fanego acababa de volver de trabajar tres años en la meca de la comunicación publicitaria, Estados Unidos. En España me encontré un país en plena depresión por la fuerte crisis económica que había afectado de lleno al sector al que pertenecía. Las marcas anunciantes habían rebajado su inversión publicitaria de forma drástica y las transformaciones que se describen en este libro habían agudizado las dificultades de la publicidad para conectar con el público español. A lo que era una crisis financiera y de reputación, se le unió un factor con efectos profundos y duraderos: la transformación digital.

Cuando yo llegaba a España desde tierras americanas Iván era precisamente un actor destacado de esa revolución tanto a través de sus proyectos personales como en la empresa en la que trabajaba de estratega: Territorio creativo (actualmente Good Rebels). Por aquella época comencé a colaborar en el que fue durante un tiempo uno de los blogs de referencia del sector que él mismo coordinaba. *Mis APIs por tus Cookies* era fiel reflejo de su tiempo: un grupo de jóvenes *millennials* profesionales del marketing y la comunicación que trataban de interpretar las claves de nuestro sector.

Habiendo trabajado toda mi vida en estrategia creativa, en mis textos me esforzaba en defender la utilidad de la publicidad. Me negaba a aceptar las premisas de que ya no era eficaz, siempre que se construyera desde la estrategia para lograr la máxima eficacia y eficiencia posible. En tiempos de demonización de los formatos tradicionales, me atrevía a defender una actividad que consideraba, y aún considero, de gran potencial para generar conexiones sólidas entre marcas y personas. La publicidad no había muerto, como promulgaban muchos agoreros, sino que era la mala publicidad la que había que desterrar. En uno de mis posts de más impacto proclamaba dejar de lado la absurda lucha entre *"lo tradicional"* o *"lo digital"* para centrarse en lo que de verdad preocupaba a las marcas: conectar de forma relevante y sólida con sus públicos y usuarios.

No hace tanto que comencé mi carrera profesional, pero el mundo ha cambiado radicalmente desde entonces. Para muestra dos botones: En 2005 hacía solo un año de la puesta en marcha de Facebook y ¡YouTube aún no había sido creada! Mis primeros pasos en este "mundo de la comunicación" fueron por lo tanto en un entorno muy propicio para aprender y curtirse en por el aquel momento incipiente mundo "digital" (entonces se hablaba más de lo "online").

En enero de 2006 me dieron la oportunidad de escribir mi primer post en un blog. Esa pequeña reseña en euskera era ya toda una declaración de intenciones en su título: *A favor y en contra de la publicidad*[1] (*Publizitatearen alde eta contra*, en su idioma original). La inspiración para mi primer intento como blogger fue un por entonces mundialmente popular experimento del joven inglés Alex Tew, quien con el objetivo de pagarse los estudios en la Universidad de Nottingham tuvo la brillante y casi surrealista idea de crear una página-escaparate en la que vendería espacio publicitario al precio de 1 dólar por pixel. El experimento triunfó: para cuando publiqué el post solo quedaba espacio para 1000 píxeles (de un total de un millón). Ya en su momento su website[2] me

---

[1] Ver artículo en:
http://www.yellowing.net/eu/publizitatea/publizitatearen-alde-eta-kontra

[2] Ver página original en:
http://www.milliondollarhomepage.com/

recordó a la impactante imagen de los edificios llenos de neones luminosos de las calles de Kowloon, en Hong Kong: igual de estridente, igual de absurda. Tew pudo pagarse los estudios con lo recaudado y, a la vez, tuvo tiempo de demostrar que en cuestiones publicitarias no es siempre el sentido común lo que impera.

Mas bien al contrario. Como Iván Fanego argumenta en este libro, las marcas siguen malgastando dinero por estar presentes en ese bazar oriental en el que se ha convertido el mercado publicitario. Hoy ese bazar es más virtual que tangible, sí, pero obtener la atención del comprador sigue siendo tan difícil como lo ha sido siempre.

Asier Albistur es estratega de comunicación y branding con 15 años de experiencia internacional, la mayor parte de ella como Planner en agencias de publicidad.

Actualmente sigue en su constante empeño por aprender sobre las claves para conectar marcas con personas de forma eficaz en un mundo en el que la línea entre la comunicación tradicional y digital comienza a diluirse por completo.

La revelación

A (casi) nadie le interesan los anuncios

Hace unos años estábamos en medio de un proyecto complicado. Teníamos que movilizar a una comunidad online que estaba muerta. Nos habíamos quedado sin ideas y casi sin presupuesto. El contenido era excelente, las herramientas funcionaban, había campaña en televisión... Pero en el foro nadie participaba.

¿Qué hicimos?

Lo que haces cuando tienes poco tiempo, escasos recursos y no puedes hacer alarde de una excesiva creatividad: un concurso. Quizá una de las ideas más pobres para promover la participación que pueda haber. Pero no voy a entrar en detalles de cómo llegamos ahí, ni discutiré la utilidad de esta cortoplacista táctica.

El problema vino después: nadie estaba participando en el concurso.

No sólo habíamos propuesto una acción exenta de imaginación y con poco recorrido, encima estábamos fallando en la ejecución más básica.

Estábamos dando unos 1000 euros de premio y no había que hacer mucho, básicamente registrarse y dejar un comentario. Así que teníamos que pensar algo rápido.

¿Qué haces cuándo has propuesto algo en lo que no crees sólo para cumplir unos objetivos a corto plazo y, encima, estás fallando?

¿Qué haces cuando se te acaban las ideas y necesitas resultados rápidos?

Anuncios.

Así que lanzamos una campaña de Facebook Ads. Conseguimos algunos resultados, pero el plazo se nos acababa y todo iba demasiado lento. No íbamos a llegar a tiempo con unos resultados mínimamente defendibles.

Y... ¿Qué haces cuando has propuesto una idea en la que no crees, para hinchar resultados a corto plazo, has fallado, has lanzado una campaña para hinchar aún de forma más artificial esos resultados y has vuelto a fallar?

Spameas.

Unos cálculos rápidos nos hicieron ver que con el dinero y tiempo que nos quedaba podíamos permitirnos contratar a un equipo de azafatos y azafatas, ir al metro y repartir unos *flyers*. Total, íbamos a anunciar un concurso en el que dábamos 1000 euros.

¿Qué podía salir mal? ¿1000 euros gratis? ¡La gente se volverá loca!

Por supuesto, salió mal.

La gente ni nos miraba. Sólo los raros y los que tenían mucho tiempo o estaban desesperados se paraban a hablar con nosotros. El equipo que repartía los *flyers* estaba desmotivado y cansado. Sin rumbo fijo, daban *flyers* y pedían a la gente que se registrara, pero casi todos pasaban de largo, ignorando su oportunidad de ganar 1000 euros.

Pensé que el problema era de los azafatos: estaban pasando de todo. Así que yo mismo me puse a repartir las papeletas. Puse mi mejor sonrisa, usé frases graciosas y ganchos inteligentes como ***"¿quieres ganar 1000 euros?"***. Para mi sorpresa, fui tan ignorado como los jóvenes azafatos y azafatas.

Fue un día largo.

Hubo historias conmovedoras, como la de una señora que estaba casi en la ruina. Parte de su familia había muerto hacía poco. La azafata a la que le contó la historia acabó llorando. Nunca supimos si era verdad o una invención de última hora. Como decía, sólo conseguimos hablar con gente "rara". A medida que pasaba el tiempo íbamos desconectando más y más de nuestra tarea: era obvio que no iba a salir nada bueno de ahí. A última hora, empezamos a arrojar algunos flyers por el suelo. A dejar montoncitos en algunas mesas. Más tarde, acabaríamos dejándolos en algún bar, a modo de último intento desesperado: ¿aparecerían en ese bar, a última hora, los usuarios que necesitábamos?

Llegué a casa agotado. Malhumorado. ¿Cómo podía haber salido todo tan mal? ¿Cómo había terminado interrumpiendo a la gente que iba de camino al trabajo para intentar darles un papelajo que o no cogían o arrojaban a la basura a los 5 metros? Yo era un defensor del marketing de permiso, de los contenidos, de la relevancia.

Pero en cuanto la presión creció, tiré todo por la borda.

Han pasado años y no recuerdo los detalles, así que me permitiré una licencia literaria: esa noche no pude dormir y me la pasé reflexionando sobre lo absurdo de la situación. Estaba regalando la posibilidad de ganar 1000 euros y la gente se apartaba de mí como si tuviera la peste. Imaginé qué duro tenía que ser dedicar la mayor parte del tiempo a repartir *flyers*: siendo ignorado, cuando sólo quieres dar un mensaje. Un descuento. Un ticket que ayudará a salvar a tu negocio y hará feliz a un cliente. Pero no, lo único que haces es molestar. Ser ignorado. Porque nadie te ha pedido que vayas a la fiesta.

Este ejemplo es extremo. Para nada representativo de mi carrera.

Pero sí muy significativo.

Mientras daba vueltas en la cama seguía preguntándome, *¿cómo he llegado a esta situación tan absurda, tan surrealista? ¿Qué hace un consultor de marketing digital repartiendo basura en el metro en un intento desesperado por regalar 1000 euros?*

Al fin y al cabo, empecé a trabajar en Marketing porque odiaba la publicidad y quería hacer algo mejor. Quería crear algo relevante, que interesara en sí mismo, que fuera útil. Y había acabado en la peor forma de interrupción.

Llevaba años leyendo a Seth Godin, formándome en inbound marketing, en estrategias de contenido. Pasaba noches leyendo a los grandes gurús. Pero habían bastado unas pocas prisas para mandarlo todo a la mierda.

Llevé la reflexión al próximo nivel: ¿qué había pasado con el mundo que nos habían prometido? Hacía años que llevaba leyendo sobre el fin de la publicidad masiva de interrupción. Pero... ¿Estaba mínimamente cerca? Me di cuenta que estaba sufriendo cierta disonancia cognitiva. Lo que creía, no reflejaba lo que hacía, ni lo que veía.

La teoría tenía sentido. En la práctica, el mundo no era tan distinto a "lo de siempre". La interrupción, la falta de relevancia, el ruido, seguían reinando.

Poco tiempo después dejé el trabajo (que en general, me hacía feliz) y me tomé un año sabático alrededor de Asia. Necesitaba un *reset*. Visto con perspectiva, no creo que aquel día repartiendo flyers tuviera mucho que ver. Probablemente, la decisión ya estaba tomada antes de aquello. Pero en aras de la narrativa, me tomaré una nueva licencia literaria: prefiero pensar que ese día llegó la iluminación.

Han pasado varios años y vuelvo a intentar dar respuesta al enigma. Las primeras décadas de digitalización nos han traído un mundo en el que las posibilidades de segmentación, de innovación, de capacidad de contar historias se han multiplicado.

Pero gran parte de lo que se hace sigue siendo lo mismo de siempre.

Los festivales publicitarios cuentan historias preciosas, pero la realidad del día a día tiene poco que ver.

Pero el entorno ha seguido cambiando. Muchos de

los problemas que se vislumbraban hace 10 ó 20 años se han agravado.

La publicidad masiva creció en un mundo de audiencias cautivas, donde la competencia por la atención no era tan salvaje ni la posibilidad de evitar las interrupciones tan fácil. Esto no es nada nuevo, de hecho, llevamos años de debate sobre este tema. Pero estamos llegando a un punto de inflexión. Las estadísticas de bloqueo de publicidad no han parado de crecer en los últimos años y ya no son cosa de "cuatro frikis", las cifras de fraude en publicidad online asustan y el público empieza a migrar a ritmos cada vez más rápidos a plataformas de pago, cuya principal propuesta de valor es ofrecer una experiencia libre de anuncios.

Nos acercamos, una vez más, a un cruce de caminos.

¿De qué va este libro?

Es un análisis personal de la situación, una reflexión sobre cómo desperdiciamos la gran oportunidad de la primera oleada de digitalización para construir un mundo nuevo y qué podemos hacer ahora para no repetir los mismos errores.

En realidad no es un libro.

Ni un manual.

Es un manifiesto.

Es parcial. Mezcla mi historia personal con opiniones. La mayoría de ellas, fundadas. Pero muchas de ellas son cuestionables. Es una forma de iniciar un debate, poner ideas sobre la mesa y ver hacia dónde nos llevan. **¿Qué te vas a encontrar?** Si has leído el prólogo (si no, deberías, Asier dice cosas muy sensatas, excepto la parte en la que me halaga en exceso) ya puedes tener una idea. Pero, como vivimos en un mundo de atención escasa, aquí va un resumen:

- En la primera parte repaso cómo perdimos una oportunidad de oro en la primera mitad de los 2000 para refundar la forma en la que las empresas se comunican con las personas. **¿Qué se hizo mal? ¿Cómo podría ser el presente si las cosas hubieran sido de otra forma?**

- En la segunda analizo las señales que apuntan a que nos encontramos en un momento de saturación similar al de finales de los 90 o principios de los 2000. 20 años después tenemos a la mitad de la población mundial conectada a Internet, y a un tercio usando Facebook. El impacto de las plataformas digitales se ha convertido en algo que habría sido inimaginable hace unos pocos años. **¿Por qué la publicidad de interrupción funcionará cada vez peor?**.

- En la tercera (y última) parte llegamos al cruce de caminos: ¿qué haremos? Una vez más tenemos una oportunidad. La de cambiar la forma de "hacer publicidad". Más aún, de cambiar la forma en que nos relacionamos con las personas desde las empresas. Una vez más, tenemos dos caminos. El de la interrupción y la invasión y el del permiso y el respeto. **¿Cuál elegiremos? ¿Seremos capaces de encontrar una alternativa a la publicidad?**

Antes de terminar esta introducción y de empezar, dos advertencias:

- Esto no es un libro (perdón, un manifiesto) que esté en contra de la publicidad o de los publicistas. Al menos, no de todos.

- Ofrezco datos para (casi) cualquier afirmación, pero no puedo evitar hacer algo de *cherry-picking*. No soy objetivo, ni lo pretendo. En cualquier caso, puedes rebatir lo que consideres oportuno. De eso se trata.

Las grandes verdades no se revelan a partir de sesudos análisis. Hay una parte de intuición, de premonición, de pálpito.

Y este es el mío.

Parte I:

Las grandes promesas incumplidas

«¿Qué es lo que desprecias? Por ello serás conocido.»

Muad'Dib en "Dune", de Frank Herbert.

«La vida es agradable. La muerte es pacífica. Es la transición lo que trae problemas.»

Isaac Asimov.

«Sólo porque algo parezca inevitable no deberías seguir voluntariamente con ello.»

Philip K. Dick.

El fin de la publicidad que se esperaba en los 2000 nunca llegó

Cuando mi madre me compró a plazos el primer ordenador con conexión a Internet, a mediados de los 90, quedé fascinado: por primera vez podía leer lo que quería, sin interrupciones ni intermediaros. Podía conectar con gente al azar, descubrir noticias que todavía no habían llegado a la prensa escrita y, por supuesto, ignorar los anuncios. Aunque eso no duraría mucho. El Internet noventero y de principios de los 2000 tenía los mismos elementos que el actual, aunque las cosas no funcionaban tan bien. Había cierta ingenuidad en todo aquello que muchos llamaban la "aldea global" (concepto heredado de los medios masivos, por otra parte), se respiraba un enorme optimismo y se daba por hecho (al menos en ciertos círculos) que todo iba a cambiar. Por aquellos años no le dedicaba muchos recursos neuronales a pensar en temas tan filosóficos como el impacto que tendría en los medios, la publicidad o la vida en general, estaba demasiado ocupado leyendo noticias sobre el nuevo Zelda de la Nintendo 64 o buscando fotos de las vigilantes de la playa. Es probable que si alguien me hubiese preguntado por la finalidad de la publicidad no hubiera sabido muy bien qué responder.

Pero para empezar de verdad este libro, necesitamos entender dos cosas: para qué sirve la publicidad y por qué funcionó tan bien durante todo el siglo XX.

Para qué sirve la publicidad

La publicidad tiene un objetivo. Hay decenas de teorías de sobre qué es y para qué sirve, pero si las destilamos y reducimos al mínimo, nos queda una: **vender algo**. Una idea, un producto, un servicio, una marca.

Decía Luis Bassat que *"la publicidad es el arte de convencer consumidores"* y nos vale como definición general.

Con dos funciones principales: informar y convencer.

- **Informar** de que algo existe y de cuáles son sus características.

- **Convencer** de que es el adecuado para una persona concreta en un momento específico.

¿Sería una herramienta válida la publicidad para informar en el nuevo contexto que traía Internet?

La publicidad como información

Informarse tiene un coste. A medida que nos alejamos de la era pre-Internet más nos cuesta imaginarnos un mundo en el que la información era escasa. ¿Cómo comparar precios entre distintas tiendas? ¿Entre distintas marcas? Cualquiera puede hacerlo ahora mismo con el teléfono en pocos minutos o segundos. Antes no. La publicidad servía para facilitar el acceso a la información y fomentaba la transparencia.

Y, durante años, cumplió esa función.

Aunque desde el punto de vista de la empresa la publicidad sea un gasto (o inversión, depende de a quién preguntes), el hecho de que las empresas se anunciaran podía disminuir los precios.

En los años 60 el economista Lee Benham aprovechó el experimento natural que permitía la desigualdad en la regulación de distintos estados norteamericanos para comprobar el efecto de la publicidad en los precios. En algunos estados, era ilegal anunciar gafas y servicios de optometría, mientras que en otros, no existía ningún problema.

¿Dónde eran los precios más bajos, en los estados que permitían la publicidad o en los que no? Si nos dejamos llevar por el sentido común, podemos pensar que los estados donde la publicidad estaba permitida tendrían precios más altos. Al fin y al cabo, la publicidad es un coste para las empresas. No es descabellado suponer que si eliminamos un coste, el beneficio se puede trasladar al cliente final. Sin embargo, en los estados donde la publicidad era legal los precios eran un 20% *más bajos*. En un mundo analógico, era necesario recorrer distintas ópticas para poder comparar precios. Informarse tenía un coste y el mercado era opaco. El coste de informarse tenía como resultado un mercado menos competitivo. Los anuncios, paradójicamente pare muchos, introducían transparencia en el mercado e incrementaban la competencia, beneficiando al consumidor.

¿Qué nos iba a traer Internet?

La posibilidad de consultar información de forma instantánea, algo que ahora damos tan por hecho que no reparamos en ello, pero que a finales de los 90 e incluso primeros de los 2000, parecía ciencia ficción. Internet iba a incrementar la transparencia, sin necesidad de publicidad. Podríamos comparar precios, características y opiniones. Todos seríamos más objetivos y estaríamos más cerca de la *"competencia perfecta"*. Una de las dos funciones principales de la publicidad sería reemplazada por el acceso libre e instantáneo a la información.

La publicidad como herramienta de persuasión

(Casi) Nadie creía ya en la publicidad. En 2003 el barómetro de confianza de Edelman mostraba cómo la gente se fiaba en su mayor parte más de los medios que de la publicidad.

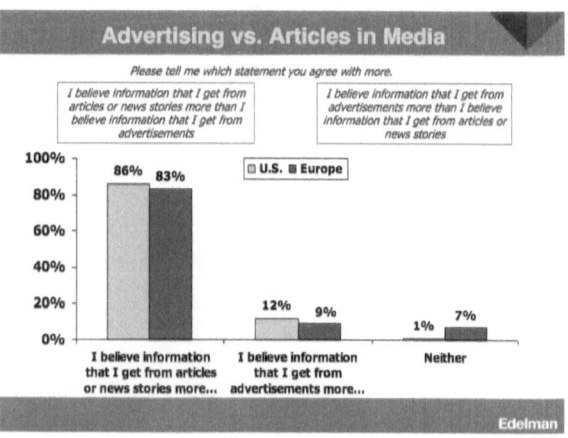

Tras décadas de abusos, la publicidad había dejado de ser creíble. Los datos de descrédito de la publicidad no son nuevos, mucho antes de que las recomendaciones personales ganaran la escala que nos traen las redes sociales o las plataformas de mensajería, el público había dejado de creer en los anuncios.

Creer lo que dice un anuncio suena a persona poco inteligente. ¿Quiénes se creen la publicidad? Niños, ancianos y personas con poca experiencia o formación. Para una persona *"normal"*, con cierto nivel de educación y sentido común, el hecho de que algo se anuncie puede ser síntoma de que hay alguna trampa escondida.

¿Por qué funcionaba tan bien?

La época dorada de la publicidad viene de un entorno muy concreto con dos características únicas: **1)** la audiencia estaba concentrada y era relativamente cautiva, y **2)** informarse seguía teniendo un coste que hacía que la persona media fuera más *"inocente"*.

La concentración de la audiencia y la posibilidad de interrupción

Crecí en la España de los 80 y 90 en una pequeña ciudad de provincias. Soy lo bastante mayor para recordar algunas de las últimas televisiones en blanco y negro, y lo bastante joven para haber crecido en medio de la revolución tecnológica. Si hay algo que recuerdo es la escasez informativa en la que vivíamos en la era anterior a Internet. Con dos canales de televisión y unos pocos periódicos era fácil concentrar la atención de las personas en torno a unos pocos temas. Todo el mundo veía los mismos programas, las mismas series las mismas películas, y, por supuesto, los mismos anuncios. El contrato estaba claro y todos lo aceptábamos: los anuncios pagaban el contenido. Podías tener televisión gratis, incluso leer algunas revistas, a cambio de que vieras unos cuantos anuncios. Y el sistema funcionaba.

La publicidad actuaba como barrera de entrada y la pegatina de *"Anunciado en Televisión"* servía como sello de calidad. Todos veíamos Bola de Dragón, jugábamos a Mario Bros. y comíamos Bollicaos.

Pero a medida que cada persona pudiera elegir qué leer o qué ver el número de medios se dispararía: haciendo imposible llegar a los volúmenes de audiencia necesarios para que la publicidad funcionara. Si todos íbamos a poder elegir qué ver en cada momento, ¿quién querría ver anuncios? ¿Dónde los iban a colocar? El primer reto al que se iba a enfrentar la publicidad era al nuevo entorno de audiencias fragmentadas. La publicidad de interrupción es la solución más efectiva cuando millones de personas se congregan ante un mismo programa, a la misma hora y con un contexto parecido. ¿Cómo hacer frente a la irrupción de miles, millones, de nichos? ¿A contextos tan dispares?

El fin de la inocencia

Pero el auténtico reto era la llegada de un consumidor más informado e inteligente. Si algo parecía que iba a traer Internet era precisamente eso, personas más informadas, más activas e interesadas, a las que iba a ser más difícil engañar. Cualquiera podría comprobar que lo que nos intentaban colar era mentira, compararíamos precios, leeríamos opiniones de otras personas y nos fiaríamos de las recomendaciones de nuestros amigos y conocidos.

Todo parecía indicar que volveríamos a los orígenes. A una sociedad más participativa, formada, inteligente y constructiva. El auge de las herramientas que conformarían la web 2.0 nos traería un nuevo consumidor, que en parte sería productor y en parte recomendador. Era el fin de la economía industrial y el auge de una nueva economía colaborativa, que empezaría su reinado con la caída de la publicidad engañosa, los grandes medios y la victoria de los nichos especializados. El mundo que venía iba a ser más diverso y más rico.

Y así nos lo contaron las grandes profecías.

Las grandes Profecías del "Fin de la Publicidad"

«Pagar por evitar anuncios: cada vez es más difícil llegar a los consumidores.

La industria publicitaria está lidiando con el declive de la efectividad de algunas de las formas tradicionales de distribuir sus mensajes, como los anuncios de 30 segundos en televisión. El problema para adland es que los hábitos de lectura y visionado están cambiando. Por primera vez, la compra directa ha superado a la publicidad como fuente de ingresos de los medios americanos.

(...)

Allá donde los anunciantes van, se encuentran con consumidores más difíciles de alcanzar. En general, la gente pasa más tiempo consumiendo medios, pero también están adoptando tecnologías que les permiten evitar anuncios, como bloqueadores de "pop-ups" en los navegadores o sistemas de grabación de vídeo que les permiten organizar sus propias agendas televisivas sin anuncios»

Parece un párrafo extraído de algún análisis actual, pero se trata de un artículo de The Economist del año 2004. Hace 14 años. Por supuesto, no fueron ni los primeros ni los únicos en pronosticar la crisis publicitaria. En 1994 Wired publicaba *"¿Está muerta la publicidad?"*[3]: un artículo en el que analizaban cómo la publicidad de masas desaparecería en el momento que los usuarios tuvieran el control sobre lo que ven y dejan de ver, con párrafos tan lapidarios como este:

«*Algunos dicen que el marketing de masas está cambiando. Están equivocados. La partida se ha terminado y las reglas de un nuevo juego se están empezando a escribir. Pero una cosa está clara: en el futuro "uno a uno" que se avecina, el consumidor será el conductor y el anunciante haciendo autostop»*

La pérdida de efectividad de los medios masivos, junto al crecimiento de los medios interactivos, convertiría a los contactos directos, uno a uno, en la

---

[3]El artículo original continua siendo accessible en: https://www.wired.com/1994/02/advertising-2/

única forma de prosperar en el mercado. Los inventores del banner, eran los primeros en despotricar en contra de la publicidad.

La atención tendría que ganarse, no comprarse

Seth Godin sentó en 1999 las bases de lo que hoy conocemos como inbound marketing en *"Permission Marketing"*. La base de su teoría era profética: en un mundo en el que la atención iba a ser cada vez más escasa y difícil de ganar, la interrupción sería cada vez menos rentable. Hace casi 20 años, pero lo que escribió se podría firmar hoy mismo. La publicidad masiva se enfrentaba a un cataclismo:

La atención (y el presupuesto) son limitados. Todos tenemos un tiempo limitado. Cada día tenemos que elegir entre decenas de actividades que requieren nuestra atención, pero todos tenemos las mismas horas.

La interrupción sería cada vez más difícil. Y más cara. Interrumpir en medios masivos se había vuelto cada vez menos rentable. La única forma de destacar entre el ruido es... Hacer más ruido. Ocupar nuevos espacios y ser más llamativo. En 1999 Godin se quejaba de que la publicidad, como si de un virus se tratase, ocupaba cada vez más espacios. Haciendo cada vez más ruido en un mundo que se fragmentaba rápidamente.

En el nuevo mundo, la única vía sería la del permiso: empresas creando algo lo bastante valioso como para que las personas decidieran dedicarle su tiempo y atención, y, sobre todo, para que les concedieran lo más valioso del mundo, el *permiso* de ser contactados. Las empresas inteligentes aprenderían a desarrollar a los clientes a lo largo de un proceso iterativo, alcanzando cada vez niveles mayores de permiso, gestionando las expectativas de sus clientes y convirtiendo cada interacción en un nuevo paso hacia la venta y fidelización de clientes. En su esquema, la interrupción sólo tendría sentido como una primera llamada de atención, y sólo sería rentable con un plan de desarrollo detrás.

Con frases tan poderosas como *"el marketing de contenidos es el único marketing que queda"*, el planteamiento de Seth (al que escribí un email mientras escribía este manifiesto para preguntarle por qué seguíamos en un mundo dominado por la interrupción, su respuesta la encontrarás más adelante) era sin duda visionario. Y no estaba solo, otros profesionales como David Meerman Scott nos contaban que las reglas habían cambiado y que cualquier marca tenía la necesidad de generar interés y atención a base de publicar y crear contenido interesante.

El modelo de Meerman Scott se convirtió en mi favorito a la hora de explicar las formas de captar la atención de la gente. Según él, sólo existen 4 formas de conseguir atención y estábamos ocupados sólo en las 3 primeras.

- **Comprar** la atención (*buy*). La publicidad de toda la vida.

- **Rogar** por la atención (*beg*).Las relaciones públicas.

- **Molestar** (*bug*). Los comerciales que te asaltan por la calle o te llaman mientras echas la siesta.

- **Ganarse** la atención. Conseguir crear algo que sea lo bastante bueno e interesante como para que alguien quiera verlo por su propia voluntad.

Todo esto sin olvidarnos de la potentísima afirmación de Tom Forenski en 2005: *"todas las empresas, son empresas de medios"*. En el *futuro* no habría empresa capaz de sobrevivir si no aprendía a conectar con sus consumidores de una forma honesta. Las marcas pasarían a convertirse en productoras de contenido y abandonarían la publicidad.

Los mercados serían conversaciones

El mismo año en que Seth Godin publicaba ***Permission Marketing*** llegaba el Manifiesto Cluetrain. Como una serie de 95 *pistas* (de ahí el nombre, *"tren de pistas"*) sus 4 autores auguraban el fin del griterío y la charlatanería corporativa. Anunciaban la llegada de un mundo abierto al diálogo, de conversaciones humanas, de transparencia. Nos hablaban del final de las jerarquías y soñaban con un mundo conectado en comunidades.

Un mundo en el que la publicidad sería ignorada y dejaría de funcionar.

Algunas de mis profecías preferidas:

- *Los mercados son conversaciones.*

- *Las conversaciones entre seres humanos suenan humanas. Se conducen en una voz humana.*

- *Como resultado, los mercados se vuelven más inteligentes, más informados, más organizados. La participación en un mercado interconectado hace que las personas cambien de una manera fundamental.*

- *Hoy en día, las compañías que hablan el lenguaje del charlatán, ya no logran captar la atención de nadie.*

- *Los mercados no quieren conversar con charlatanes y vendedores ambulantes. Quieren participar en las conversaciones tras la pared de protección corporativa.*

- *Estamos despertando y conectándonos. Estamos observando. Pero no estamos esperando.*

El tono mesiánico auguraba un futuro dominado por la conversación, la autenticidad y las relaciones personales.

El mundo estaría dominado por los nichos

En 2004 Chris Anderson nos pintaba un mundo en el que los nichos cobrarían el protagonismo en su artículo *"The Long Tail"*, que acabaría convirtiéndose en libro dos años después (*"La Economía Long Tail: de los mercados de masas al triunfo de lo minoritario"* es el título de la traducción al español). Una vez liberados de la escasez del inventario al que nos restringía el mundo físico, la diversidad florecería en multitud de nichos que se ajustarían a las necesidades de cada persona. Como muestra, un par de párrafos del artículo original:

«La economía de los grandes éxitos es producto de una era sin espacio para poder llevar de todo a todos. Sin espacio suficiente en los estantes para los CDs, DVDs y juegos creados. Sin pantallas suficientes para proyectar todas las películas. Sin canales para emitir todos los programas de televisión, sin ondas suficientes para reproducir toda la música que se crea y sin horas en el día para ponerlos en la parrilla televisiva.

Es el mundo de la escasez. Ahora, con la distribución online, estamos entrando en un mundo de abundancia. Y las diferencias son enormes.»

El dominio de los grandes éxitos había llegado a su fin. Un nuevo mundo se abría ante nosotros, uno en el que los creadores independientes podrían conectar con sus audiencias, por pequeñas que fueran.

El futuro que nos pintaban unos y otros era más distribuido, abierto, colaborativo.

Uno donde la publicidad intrusiva y engañosa no tendría cabida.

La web 2.0 y el usuario como productor de contenido

Y pronto llegaron las redes sociales, una evolución de los foros que hacía aún más accesible la conversación a cualquier usuario. Se creaban blogs a un ritmo de vértigo y la gente se convertía al fin en creadora de contenidos. Los medios de producción, al menos de todo relacionado con la comunicación, pasaban a estar en manos del pueblo. Time dedicaba su portada del año 2006 *"a ti"*, a la persona *"normal"* que estaba tomando el control de la creación de contenidos gracias a las nuevas herramientas digitales.

Las redes sociales se convertían a mediados de los 2000 en la principal plataforma de comunicación y el futuro parecía deslizarse, cada vez más, hacia el lado de los usuarios. En ciertos círculos la palabra *consumidor* se convertía en tabú: el *prosumidor*, un cruce entre productor y consumidor, mitad creador, mitad comprador, era el futuro y no había tendencia o movimiento que se librara del apellido *dospuntocero*.

El *nuevo* papel de la publicidad visto desde el prisma de la primera mitad de los 2000

En este nuevo esquema de las cosas la publicidad, tal y como la conocíamos, no tendría cabida. El contenido relevante la desplazaría. Cada empresa sería una empresa de medios: el desarrollo de activos digitales propios se convertía en una necesidad para cualquier empresa que quisiera sobrevivir al nuevo entorno. Las marcas necesitaban volverse interesantes si querían que las siguiéramos. A medida que las plataformas sociales crecían parecía que, con sus más y sus menos, parte de las profecías se iban a cumplir. Las redes sociales traían consigo una promesa: si eras lo bastante interesante, podías ganarte la atención de la gente, no tenías que pagar por ella. El fin de la publicidad de interrupción estaba cada día más cerca. Cualquiera podía crear un blog y llegar a millones de personas. O una página en Facebook o un perfil de Twitter y conectar directamente con sus fans.

El contenido sería la nueva publicidad.

Al menos, eso fue lo que nos prometieron.

Qué pasó realmente

Si la interrupción hubiera dejado de ser rentable, no viviríamos en el mundo en que vivimos. A medida que los años pasaban, las proféticas visiones empezaban a ajarse. Lo que parecía que iba a ser un campo de batalla equilibrado, en el que una pequeña empresa comprometida con su comunidad podría competir de tú a tú con una gran corporación, se mostraba, si no como una mentira, sí como utopía en la que sólo unas cuantas excepciones podían servir de ejemplo. El presupuesto publicitario nunca dejó de mandar, ni de crecer.

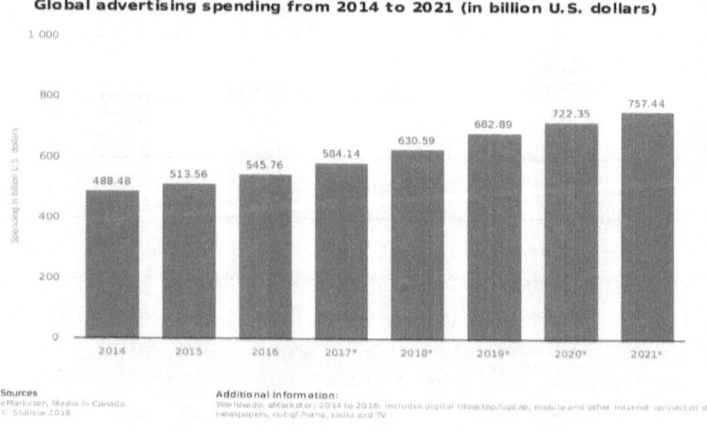

Evolución del gasto publicitario. Fuente: Statista.

¿Qué pasó? Creo que dos hechos son los que tuvieron más peso: el modelo de negocio de las nuevas (por aquél entonces) empresas de Internet y la llegada del público masivo.

La llegada del público masivo

A medida que crecía el número de personas conectadas se perdían los valores originales. Los primeros usuarios de Internet tenían unos valores y compartían ciertos posicionamientos ideológicos. Provenían del *"mundo antiguo"* y querían convertir el nuevo en una utopía. Pero la masificación, con todas sus grandes virtudes, trajo por un lado el desinterés por todos los valores originales y por otro, el interés económico en las nuevas audiencias masivas. La mayor parte de las personas tenía más que suficiente con ser consumidora, sólo un pequeño porcentaje tenía un interés real en convertirse en *productora*.

La publicidad como droga 2.0

La nueva hornada de empresas tecnológicas, varias de ellas exponentes de la web 2.0, crecieron más allá de lo imaginable. Con el crecimiento venía la duda: ¿quién iba a pagar la fiesta? La respuesta llegó pronto.

La publicidad.

El modelo se trasladó *tal cual* desde el antiguo mundo: publicidad para sufragar los costes de producción y distribución. Publicidad como modelo de negocio. El usuario era la moneda de cambio, a más tráfico y tiempo de consumo (o atención), más rentable sería la red o página.

Citando a Asier en el prólogo, que a su vez citaba a Scott Goodson, que a su vez citaba a un usuario de un foro con apodo *"blue beetle"* (escarabajo azul): ***"si no pagas por el producto, el producto eres tú"***.

Pero para tener el producto, lo primero que había que hacer era resolver un problema: ¿cómo conseguir la atención de millones de personas?

En tres pasos:

Generando adicción. Lo primero consistió en lograr que cualquier persona quiera compartir más contenido para poder alimentar un torrente inacabable de novedades. Cómo todos hemos acabado compartiendo parte de nuestra vida de forma compulsiva daría para otro libro, dejémoslo en que el modelo básico pasa por ofrecer recompensas instantáneas (me gusta, comentarios) a nuestras acciones sociales, lo que genera *chutes de endorfinas* a unos cerebros poco habituados (por aquél entonces) al feedback instantáneo.

Una vez que el público masivo está compartiendo y distribuyendo contenido, nos encontramos con el siguiente problema: la necesidad de priorizarlo.

Creando escasez con algoritmos. Quizá la ley económica más simple y que se cumple más a rajatabla es la de la escasez: cuando algo es escaso (y deseado) tiene más valor. Si tenemos un newsfeed lleno de contenido, cada *hueco* tiene un valor creciente: es donde estamos concentrando la atención.

Como decía Benedict Evans, partner del fondo de capital riesgo Andreesen Horowitz, en Twitter:

- *Todas las aplicaciones sociales crecen hasta que*

necesitas un newsfeed.

- *Todos los newsfeed crecen hasta que necesitas un* newsfeed *organizado por un algoritmo.*

- *Todos los feeds basados en algoritmos crecen hasta que te cansas de no ver lo que te interesa y te marchas a otra aplicación con menos sobrecarga.*

- *Todas las nuevas aplicaciones crecen hasta que...*

Los algoritmos han aprendido a priorizar tan bien el contenido que nos hemos convertido en adictos no sólo de su producción, también de su consumo.

Apropiándose de tus datos. Finalmente, con nuestro comportamiento en Facebook, Twitter o casi cualquier otra red social generamos datos de qué nos interesa y qué no. Eso, unido a nuestras variables demográficas, se convierte en una información tremendamente valiosa para cualquier anunciante.

Con centenares de millones de usuarios (ahora mismo, más de 2.000 millones) Facebook ya había construido la mayor plataforma de atención de la historia y lo había agrupado en torno de un flujo prácticamente inacabable de noticias y novedades priorizadas bajo su propio criterio y en el que las empresas tienen que pujar para aparecer. Y antes de que la saturación comenzara a hacer mella en su base de usuarios, Zuckerberg compró Instagram y WhatsApp y lanzó Messenger para garantizar el relevo generacional y construir nuevos modelos de relación con los usuarios.

¿Es Facebook el culpable de todo? No, pero sí el

ejemplo más fácil de explicar.

Porque en los 90 y 2000 la web que nos imaginábamos era abierta y distribuida, pero en los últimos 10 años hemos vivido un proceso de reconcentración de la web en unos pocos actores.

¿Qué tiene esto que ver con la publicidad? Este proceso es el que ha cambiado la industria, concentrando (como veremos más en detalle en la próxima parte) hasta un cuarto de la inversión total en publicidad en dos empresas: Google y Facebook.

Sin embargo...

A pesar del uso masivo de datos, de sofisticados algoritmos y del trabajo de algunas de las mentes más brillantes de nuestra generación, a la mayor parte de la gente le siguen interesando poco los anuncios. Siguen intentando escapar de ellos, evitarlos e ignorarlos. La promesa de la segmentación no nos ha traído anuncios más relevantes (salvo excepciones), ni el nivel de ruido ha disminuido.

Los usuarios quieren escapar de los anuncios.

Las empresas tecnológicas quieren escapar de la publicidad y buscar nuevos modelos de negocio.

Las grandes empresas y las agencias de medios están atrapadas en una carrera hacia el abismo, en manos de los dueños de las plataformas tecnológicas.

¿Por qué nada ha cambiado a pesar de las grandes

profecías?

¿Por qué?

Porque fuimos incapaces de encontrar una alternativa viable a la publicidad

Nadie fue capaz de construir alternativas que de verdad pudieran transmitir el mensaje de las empresas con la misma eficacia o alcance.

Ha sido la publicidad digital la que ha dado forma a Internet tal y como lo conocemos. Cuando empecé a trabajar en Marketing de Contenidos y Redes Sociales lo hacía con el objetivo de *"destronar a los anuncios que nos interrumpían"*. Pero, salvo excepciones, muy pocas empresas fueron capaces de construir medios propios lo bastante robustos para sustituir a la inversión en publicidad.

La promesa que traían consigo las redes sociales y los blogs parecían el sueño profético que habían augurado los grandes gurús: un mundo en el que la relevancia y el contenido permitirían a cualquiera destacar entre el ruido, llegar a su gente, formar redes de colaboración y crear negocios rentables prescindiendo de la publicidad de interrupción.

Pero cuando los pequeños se convirtieron en grandes, la necesidad de ingresos las convirtió en las nuevas plataformas publicitarias.

Y la interrupción prosiguió su reinado.

El primer gran asalto a la publicidad de interrupción fracasó

Esta ha sido una breve historia lo que podríamos llamar el primer gran asalto a la publicidad de interrupción. Las visionarias teorías jamás se cumplieron. La comodidad que buscaba el público masivo y la necesidad de ingresos de las grandes empresas tecnológicas acabaron por replicar la mayor parte de vicios y defectos del mundo antiguo.

Pero... Los fantasmas del pasado no han muerto. Vuelven con más fuerza. En la próxima parte veremos cómo, una vez más, los bloqueadores, la migración de las audiencias hacia contenidos de pago y el desinterés generalizado vuelven, con más fuerza que nunca.

Como dijo Asimov: *al contrario que en el ajedrez, en la vida la partida continúa después del jaque mate.*

Parte II:

Estamos a las puertas de un nuevo asalto

«Todo esto ya ha pasado antes. Y volverá a pasar de nuevo.»

J.M. Barrie en "Peter y Wendy" (Peter Pan).

O Número 6 en Battlestar Galactica.

«Cuanto más maravillosos eran los medios de comunicación, tanto más vulga-res, chabacanos o deprimentes parecían ser sus contenidos.»

Arthur C. Clarke en "Una Odisea Espacial".

«Actualmente vivimos en una sociedad en la que los medios, los gobiernos, las grandes empresas… Crean falsas realidades. Así que en mis escritos pregunto, ¿qué es real? Porque de forma incesante gente muy lista nos bombardea con mecanismos electrónicos muy sofisticados. No desconfío de sus motivos; desconfío de su poder.»

Philip K. Dick.

¿Ha llegado el principio del fin?

El contenido relevante y la presencia orgánica en redes sociales no demostraron ser una alternativa. El mundo que nos prometieron, más humano, más distribuido y con menos anuncios, nunca llegó.

Tenemos más interrupciones que nunca. Nos persiguen con mucha mayor eficiencia en canales que antes no existían, y donde nos habían prometido otro tipo de publicidad y de relación.

Pero hay señales de cambio. La publicidad se enfrenta a una nueva crisis en dos frentes distintos: desde el punto de vista del consumidor y desde la propia industria.

Consumidores saturados, bloqueando la publicidad y huyendo a plataformas de suscripción libres de anuncios

Hay pocas novedades en esta nueva crisis de la publicidad: lo que cambia es el momento y la escala. Lo que vivimos en las primeras oleadas de digitalización afectaba sólo a un relativamente reducido número de personas, hoy es algo masivo. Prácticamente la mitad del mundo tiene ya acceso a Internet y aproximadamente uno de cada tres está en redes sociales (Facebook principalmente). Lo que antes afectaba a unos pocos millones de visionarios ahora afecta a casi todo el planeta.

Puede que parte del discurso intelectual se haya perdido, pero, por otro lado, se ha ganado en escala y capacidad tecnológica.

A principios de este siglo Internet era todavía un fenómeno incipiente. En el año 2000 apenas el 5% de la población tenía acceso a Internet, poco más de 300 millones de personas. Aunque las primeras brechas se empezaban a abrir, aunque casi nadie creía en los anuncios y a pesar de que el coste de la información había comenzado su imparable viaje hacia el cero, la llegada del público masivo y, con él, del dinero publicitario, abortaron *"la primera gran revuelta"*.

Los temas de fondo son prácticamente los mismos que hace diez o quince años, pero ahora tienen un alcance global que de una u otra forma hará que la transformación publicitaria sea inevitable.

La crisis de atención y el exceso de contenido

Soy casi incapaz de recordar los *viejos tiempos* de escasez informativa. Cuando esperabas con ganas la revista de turno o te aburrías porque ponían nada interesante en la televisión. El problema ha pasado a ser el contrario: no hay tiempo humano para ver el contenido que se produce, ya sean series, películas, artículos, libros o memes estúpidos.

Vivimos en medio de una crisis de atención.

No tenemos tiempo para todo lo que queremos ver o hacer, las ventanas de atención se han reducido de manera drástica y apenas damos medio capítulo de oportunidad a la nueva serie, o 12 segundos al vídeo que nos sale en Facebook. Las piezas de contenido son cada vez más cortas, en una carrera armamentística por mantener la atención de las personas. Cada vez prestamos menos atención, durante menos tiempo.

Afecta a todos los medios, a todos los canales, a todas las marcas.

Hay un límite en la cantidad de contenido que podemos consumir y estamos alcanzándolo. Hemos llegado a un punto en el que hay gente que consume series y podcasts a un 25 o a un 50% más de velocidad para poder encajar el consumo de un capítulo extra por la noche. Lo repetiré: hay gente que se pone Juego de Tronos al doble de velocidad, con tal de poder ver el doble de capítulos en el mismo tiempo. Los cursos online incluyen la posibilidad de acelerar el vídeo para que todo pase más rápido. Hay plataformas que se dedican a vender resúmenes de libros para facilitar su ingesta. La música se escucha por canciones sueltas y remixes. Las películas porno de 90 minutos se han troceado en escenas sueltas de unos pocos minutos que se consumen bajo demanda. No hay tema, por complejo que sea, que no se intente explicar en menos de dos minutos en algún vídeo viral. Cada vez más gente mira el móvil en el cine. Y las mayores innovaciones en la creación de contenido llegaron hace pocos años desde Snapchat y ahora desde Instagram. ¿La principal novedad? Vídeos que no pasan de 15 segundos, adornados con muñecos saltarines y tipografías enormes que ayudan a centrar la atención.

Es casi imposible "acabarse el feed" de Facebook o mantenerse al día de todas las historias de Instagram, mantener el correo limpio y seguir todas las series que nos gustan. Sólo unos pocos eventos consiguen concentrar la atención, durante unos pocos días.

El coste de la atención se ha disparado. Nada nuevo bajo el sol, lo mismo contaba ya Seth Godin en 1999 en *Permission Marketing*, pero eso no era más que el aperitivo: los datos que manejamos hoy en día son de otra liga.

Según un estudio de Microsoft, nuestro intervalo de atención está en ocho segundos, una reducción de cuatro segundos frente a lo que teníamos en el año 2000. Un segundo menos que el de un pez. ¿Lo mejor de este dato? Es casi con toda certeza una mentira. Medios tan prestigiosos como Time se hicieron eco de la noticia, descontextualizando un dato que venía en el informe original. Por supuesto, da igual: nuestro intervalo de atención es tan corto que seguramente nadie se enteró de que todo era un bulo.

Pero que no se haya medido correctamente no quiere decir que no sea cierto: basta ver datos de consumo de Redes Sociales. Según un estudio de Facebook[4], los usuarios dedican una media de 1,7

---

[4] El estudio puede consultarse en:
https://fbinsights.files.wordpress.com/2017/03/fbiq_why_creativity_matters.pdf

segundos a una pieza concreta de contenido cuando interactúan con el móvil. En un ordenador, el tiempo subía a unos flamantes 2,5 segundos. Y más los jóvenes dedicaban aún menos tiempo.

¿Por qué tenemos tanta prisa? Cada vez tenemos más contenido que ver, leer o escuchar. Y, como es lógico, la audiencia está más dividida. Puede que hablar de la fragmentación de audiencias esté manido, pero bastan un par de ejemplos para ponerlo en perspectiva.

¿Cuál es la serie más vista de la historia de la televisión en Estados Unidos? ¿Breaking Bad? ¿Juego de Tronos? ¿Stranger Things? Si echamos un vistazo a la lista de los finales de series más vistas de la historia de Estados Unidos nos daremos cuenta de que la mayor parte de grandes éxitos queda en el pasado, a pesar de que la población no ha hecho más que crecer. El tiempo dorado de la televisión acabó hace un par de décadas.

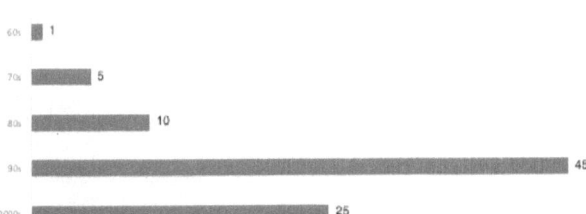

Finales de series más vistos de la historia de Estados Unidos por década

Fuente: elaboración propia a partir de datos de Classic TV Hits y Wikipedia.

Los 90 fueron la década con más finales de series en el top 99 de audiencia. La década actual tiene un número de *hits* más o menos como la de los 80. Pero si miramos a la audiencia y al share, la cosa cambia mucho.

La audiencia media no para de disminuir, década tras década. La *season finale* del gran éxito de los 70 y 80, MASH, prácticamente multiplica por 10 el final de la última temporada de Juego de Tronos. Un gran éxito en los 60 y 70 juntaba casi a la mitad de la audiencia frente al televisor, ahora con suerte se llega a una de cada diez personas.

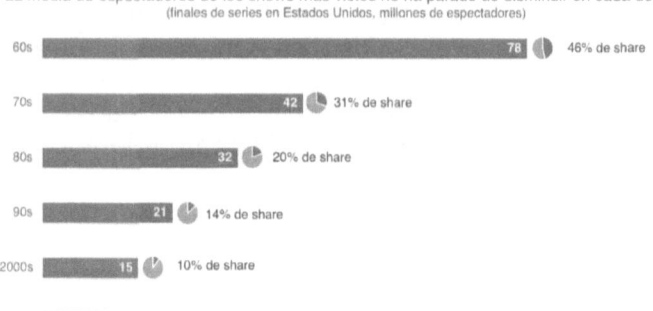

Fuente: elaboración propia a partir de datos de Classic TV Hits y Wikipedia.

Y en España pasa algo parecido: en 1987 el *"Un, Dos, Tres"* llegaba al 67% de la población española[5],

---

[5] La noticia se puede consultar en:
libertaddigital.com/fotos/lo-mas-visto-historia-television-espanola-audiencias-chic-1014455/undostres.jpg.html

superando los 20 millones de espectadores mayores de 14 años. Todo el país se juntaba para ver un programa: la concentración de la audiencia era masiva, un solo anuncio en el *"Un, Dos, Tres"* bastaba para que todo el país supiera que existías. Era un juego en el que unos pocos podían competir, claro, pero es que bastaba con hacer un vídeo y ponerlo en prime time para que medio país te conociera.

En 2017 el evento más seguido consiguió la mitad de espectadores[6], unos 10. Se trataba de un partido de fútbol. 30 años después del récord del *"Un, Dos, Tres"* y en un país con un 25% más de población, el *programa* más visto tenía la mitad de audiencia. Si excluimos todos los eventos deportivos y cosas como las Campanadas o Eurovisión, el programa más visto de 2017 no llegaba ni a 5 millones de espectadores. La cuarta parte.

Sólo los eventos deportivos (futbolísticos en el caso de España) consiguen batir récords de audiencia a la antigua usanza.

El consumo de contenido audiovisual se ha fragmentado, hay más series y películas que nunca y no se ven en el momento de emisión. Se ven en el metro desde el móvil, tumbados en la cama frente al portátil o tirados en el sofá mientras se consulta el teléfono, oficialmente el sustituto de la antigua reina de la casa, la nueva "caja tonta".

---

[6] Datos en: https://www.espinof.com/audiencias/las-50-emisiones-mas-vistas-de-la-television-espanola-en-2017

¿Sólo afecta a la televisión, a las series y películas?

No.

Cada segundo se sube a YouTube contenido suficiente para una vida de visionados, sin contar la cantidad de artículos de calidad que se publican en millones de blogs, las fotos de Instagram o los memes de Facebook.

Es casi imposible cuantificar la crisis de atención que vivimos: se ha vuelto más escasa que nunca, y cuando eso ocurre, el tiempo se valora más. Nadie quiere que le interrumpan con un anuncio cuando tiene que poner el acelerador para terminar el capítulo del día.

Los anuncios se han convertido en algo optativo y fácilmente bloqueable

La historia del *adblocking* no es una moda que empezara hace unos pocos años. Muchos opinan que el mando a distancia fue el primer bloqueador de publicidad de la historia, pero en el terreno digital el movimiento empezó mediados de la década de los 2000 (aunque existen precedentes en los 90, como AdMuncher). Como una tendencia específica para *geeks y early adopters*, la aparente *frikez* de una extensión para Firefox acabó convirtiéndose en todo un fenómeno que en 2015 pasó al *mainstream*.

Cuatro noticias importantes ocurrieron ese año.

Por un lado, varios millones de personas sufrieron la infección por medio de un *malware* que se colaba a través de los anuncios. Sitios tan populares como DailyMotion, MSN o Forbes distribuyeron el *virus* a partir de sus anuncios. El caso de Forbes era aún más sangrante, porque obligaba desactivar el bloqueador para poder acceder a su contenido. Sólo con DailyMotion, más de 128 millones de personas pudieron ver comprometida la seguridad de sus equipos por *no* instalar un bloqueador de publicidad. Para muchos, los anuncios pasaban a una nueva categoría: la de virus informático del que había que protegerse.

Por otro lado, Apple anunció que soportaría las extensiones de AdBlocking en la última versión de iOS (la 9 por aquel entonces), llegando así a (nuevos) cientos millones de personas. El que se tratara justamente de personas con un poder adquisitivo por encima de la media no hacía más que añadir leña al fuego.

También es el año en que PageFair publicaba junto a Adobe un estudio en el que se afirmaba que más de 200 millones de personas usaban algún bloqueador de publicidad y en el que se empezó a rumorear que la empresa israelí Shine ofrecería un bloqueador de publicidad que trabajaría a nivel del operador: es decir, bloquearía los anuncios *antes* de que llegaran al dispositivo. Una solución que mejoraría los tiempos de carga de las páginas y el consumo de datos. Y toda un arma nuclear en manos de operadores de telecomunicaciones comoditizados por las empresas *over the top*. Por suerte o por desgracia (dependiendo del lado en el que esté cada uno), en 2017 cambiaría de nombre y renunciaba a tan atrevida misión, para convertir su solución en un bloqueador "normal" que elimina la publicidad que no cumple unos mínimos estándares de calidad.

Y es en este 2015, cuando los principales medios comienzan a hacerse eco ante el temor del bloqueo masivo: el bloqueo ataca a su modelo de negocio de lleno, sin una alternativa clara.

En el último informe disponible de PageFair (2017) podemos ver cómo la instalación de AdBlockers ha seguido creciendo, superando los 600 millones de dispositivos a finales de 2016.

Dependiendo del país, podemos hablar desde un 1% de penetración al 33% de Polonia. España está en aproximadamente el 19%.

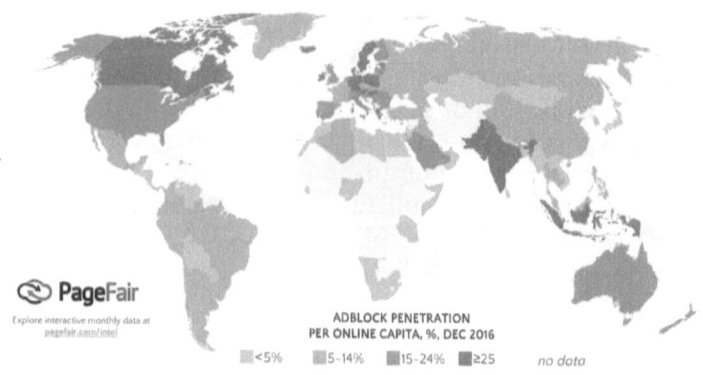

All Ad Markets (country, A-Z)

Adblock penetration per online capita, %
PageFair

	Desktop	Mobile	Overall		Desktop	Mobile	Overall		Desktop	Mobile	Overall
Albania	8%	-	8%	Germany	29%	1%	29%	Nicaragua	4%	-	4%
Algeria	5%	-	5%	Greece	39%	-	39%	Nigeria	-	2%	2%
Andorra	12%	-	12%	Greenland	7%	-	7%	Oman	2%	-	2%
Argentina	14%	-	14%	Guatemala	2%	-	2%	Pakistan	2%	32%	32%
Armenia	5%	-	5%	Honduras	4%	-	4%	Panama	5%	-	5%
Aruba	9%	-	9%	Hong Kong	10%	2%	10%	Paraguay	2%	-	2%
Australia	20%	2%	20%	Hungary	26%	-	26%	Peru	10%	-	10%
Austria	26%	-	26%	Iceland	27%	-	27%	Philippines	7%	3%	7%
Bahamas	4%	-	4%	**India**	1%	28%	28%	Poland	33%	-	33%
Bahrain	4%	-	4%	**Indonesia**	8%	58%	58%	Portugal	21%	-	21%
Bangladesh	2%	-	2%	Iraq	8%	-	8%	Puerto Rico	5%	-	5%
Barbados	9%	-	9%	Ireland	39%	-	39%	Qatar	6%	-	6%
Belarus	10%	-	10%	Israel	19%	-	19%	Romania	21%	-	21%
Belgium	12%	-	12%	Italy	17%	1%	17%	Russia	6%	3%	6%
Belize	4%	-	4%	Jamaica	5%	-	5%	Saudi Arabia	6%	21%	21%
Bermuda	10%	-	10%	Japan	3%	-	3%	Serbia	17%	-	17%
Bolivia	4%	-	4%	Jordan	3%	-	3%	Singapore	29%	9%	29%
Brazil	6%	1%	6%	Kazakhstan	3%	-	3%	Slovakia	9%	-	9%
Bulgaria	21%	-	21%	Kuwait	4%	-	4%	Slovenia	23%	-	23%
Cambodia	8%	-	8%	Laos	2%	-	2%	Somalia	2%	-	2%
Canada	24%	-	25%	Latvia	17%	-	17%	South Africa	2%	2%	2%
Chile	12%	-	13%	Lebanon	2%	-	2%	**South Korea**	4%	-	4%
China	1%	13%	13%	Libya	2%	-	2%	**Spain**	19%	-	19%
Colombia	8%	2%	8%	Lithuania	21%	-	21%	Sri Lanka	2%	-	2%
Costa Rica	6%	-	6%	Luxembourg	15%	-	15%	**Sweden**	27%	-	28%
Croatia	22%	-	22%	Malaysia	5%	8%	8%	Switzerland	18%	-	18%
Cyprus	15%	-	15%	Malta	17%	-	17%	Thailand	6%	1%	6%
Czech Rep.	10%	-	10%	**Mexico**	8%	-	9%	Tunisia	2%	-	2%
Denmark	25%	2%	25%	Moldova	7%	-	7%	Turkey	7%	-	7%
Dom. Rep.	4%	-	4%	Mongolia	3%	-	3%	Ukraine	13%	-	13%
Ecuador	9%	-	9%	Montenegro	8%	-	8%	UAE	7%	14%	14%
Egypt	3%	2%	5%	Morocco	2%	-	2%	**U. Kingdom**	16%	1%	16%
El Salvador	4%	-	4%	Myanmar	2%	-	2%	**U. States**	18%	1%	18%
Estonia	26%	-	26%	Namibia	3%	-	3%	Uruguay	11%	-	11%
Finland	23%	-	23%	Nepal	2%	-	2%	Venezuela	3%	-	3%
France	11%	1%	11%	**Netherlands**	17%	2%	17%	Vietnam	4%	2%	4%
Georgia	5%	-	5%	New Zealand	24%	1%	24%				

Fuente: PageFair (2017).

Y lo que quizá es más importante: no se trata de una *moda* que afecte sólo a los "jóvenes", el demográfico se ha ampliado y cubre a casi todos los grupos de edad:

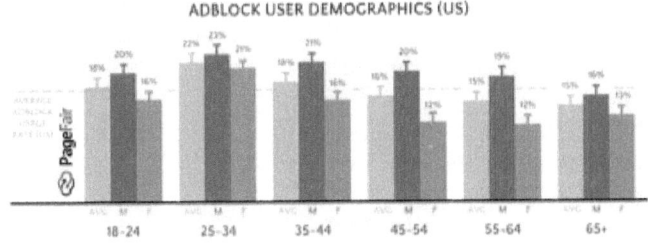

Si acaso, podemos ver cómo las personas con mayor nivel educativo son más propensos a bloquear los anuncios:

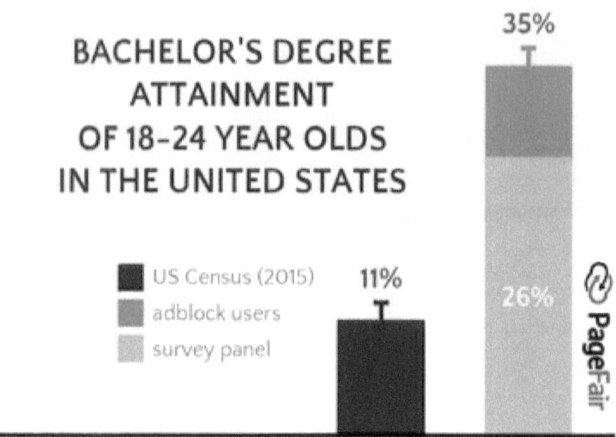

Fuente: PageFair (2017).

Los últimos datos, de 2018, llegan en Estados Unidos al 30%. Una de cada tres personas navegan (casi) sin publicidad.

¿Son los bloqueadores de publicidad una especie de Robin Hood que viene a defendernos de los malvados anunciantes? Por desgracia, mucho del idealismo se ha perdido por el camino: el modelo de negocio de AdBlock Plus (el más popular de los bloqueadores) consiste en convertirse en una especie de árbitro y decidir *qué pasa y qué no pasa* sus filtros. Una posición de privilegio en la que las tentaciones por vender el privilegio de pasar sus controles son altas.

De forma sorprendente para muchos y tras ciertas idas y venidas con las aplicaciones de bloqueo de publicidad (ABP ha entrado y salido varias veces de la Play Store), Google decidió coger el toro por los cuernos.

Google entendió desde el principio algo que no supieron ver los medios a tiempo: aunque su modelo de negocio se base en la publicidad, entienden que es necesario encontrar el equilibrio entre *la molestia controlada que genera ingresos por anuncios* y la saturación que expulsa al usuario. En 2016, grandes anunciantes (P&G, Unilever), medios (Washington Post), la IAB y empresas tecnológicas (Google y Facebook) formaban la coalición **Better Ads**, con el objetivo de promover anuncios menos intrusivos. Poco después, Google anunciaba el plan de bloquear en su navegador Chrome (que tiene una cuota de mercado de más del 60%) los anuncios que no cumplieran los estándares del consorcio Better Ads. En los próximos años, podríamos ver cómo más de la mitad del mercado queda ciega a una buena parte de la publicidad: la más ruidosa e indeseable.

Tanto el modelo de Google como el de ABP tienen un problema de base: se apoyan en un modelo de *certificación*, hacen de jueces de lo que es bueno y lo que no. El enfoque más *radical* consiste en eliminar *toda* la publicidad.

Y es justo lo que ofrece **Brave**, un navegador lanzado en 2016 y cuya principal propuesta de valor la protección de la privacidad de sus usuarios, bloqueando por completo la publicidad y el *tracking*. Desarrollado por el cofundador de Mozilla, es innegable que Brave no ha salido del nicho de usuarios avanzados: actualmente cuenta con algo más de dos millones y medio de usuarios activos mensuales, muy alejado de las grandes ligas, pero no una cifra despreciable. En su vídeo de presentación Brave ataca directamente a la industria publicitaria, pero también a los bloqueadores de anuncios que actúan como árbitros. Y ante un modelo que consideran roto, propone una solución radical: *recompensar* la atención y el buen contenido con una solución de micropagos semiautomáticos basada en *blockchain*.

¿Cómo?

A través de un cripto-token, llamado BAT (**B**asic **A**ttention **T**oken). El usuario de Brave carga su cartera virtual y Brave distribuye automáticamente los fondos que este aporta entre las páginas (medios, blogs o cualquier otro tipo de web) que estén dados de alta en el programa. ¿El criterio? El tiempo que pase en cada página (de ahí lo de *"atención"*), aunque cada usuario puede decidir cambiar este reparto automático o donar por voluntad propia. A fecha de hoy ya tienen más de 400.000 *wallets* (carteras donde almacenar BAT) y 16.000 medios verificados, incluyendo 11.000 canales de YouTube que acumulan unos 180 millones de suscriptores.

Brave es un ejemplo de proyecto visionario que pretende solucionar un problema grave, masivo y endémico desde la llegada de Internet: el pago a los creadores de contenido. Muy alejado todavía del usuario medio, sería fácil caer en la tentación de infravalorarlo, al igual que se hizo durante años con AdBlock. Es quizá la solución actual más idealista y que presenta un relato más convincente, pero también es el escenario (en mi opinión, claro) que tiene menos probabilidades de cumplirse, al menos en el corto plazo.

Brave entiende algo realmente importante: no es ético proponer un modelo de bloqueo de la publicidad sin ofrecer una alternativa para sufragar el trabajo de los creadores de contenido. Al fin y al cabo, todos nos hemos acostumbrado al contenido gratis, pagado por publicidad.

Quizá sea hora de replantear los términos.

Los modelos de suscripción: pagar para no ver anuncios

La publicidad ha sido la forma tradicional de pagar el contenido.

El contrato era sencillo. Alguien crea *algo* para un medio (da igual que sea televisión, radio o prensa escrita). La gente está dispuesta a invertir su tiempo en ese *algo*. Incluso a pagar por ello con dinero *de verdad*. Pero en lugar de hacerles pagar el precio completo, alguien decide alquilar esa atención a cambio de dinero, subvencionando el producto. Al final, el usuario final no paga con dinero, paga con tiempo: preciosos minutos que deja de ver su programa favorito a cambio de poder acceder a él gratis.

Páginas llenas de anuncios irrelevantes que se tiene que saltar.

Interrupciones.

Molestias.

Pero a medida que la saturación publicitaria crece y la rentabilidad por usuario disminuye, para algunos medios tiene sentido pasar a un modelo en el que el contenido sea de pago. Para el creador o plataforma, porque el dinero que se puede extraer mediante publicidad tiene un límite y ensucia la experiencia de usuario, cediendo parte del control a los anunciantes. Para el cliente, porque se libra de molestas interrupciones y contribuye a una causa mayor. Lo único que necesita el modelo para funcionar es que el dinero que se genere por la venta de publicidad sea inferior al precio que el cliente está dispuesto a pagar por acceder al contenido.

Hace años quizá no tenía sentido (a pesar de lo que dijeran los amigos de *The Economist* en 2004). A veces es fácil pecar de exceso de visión.

Los canales de distribución no estaban lo bastante desarrollados hace 15 años.

Hoy lo están.

Y cada vez más actores encuentran atractivo el modelo de pago, en todos los sectores relacionados con el ocio y el entretenimiento.

Películas y series sin anuncios

¿Cuánto podría ganar Netflix teniendo una versión gratuita con anuncios? En su opinión, menos de 11 € al mes por suscriptor. Con más de 100 millones de suscriptores, el modelo de Netflix no tiene en la cabeza la publicidad. Netflix es para muchos la nueva televisión: una generación está desarrollándose sin saber lo que es una pausa publicitaria de 10 minutos. Y volver atrás será difícil. ¿Quiere esto decir que Netflix nunca tendrá publicidad? Su CEO, Reed Hastings, lo niega tajantemente. La presión competitiva en el streaming de vídeo se está haciendo más fuerte y es posible que la publicidad llegue a Netflix algún día. Pero si lo hace, no será con los abusos actuales en la televisión.

En el caso de Hulu, una de las primeras plataformas de streaming y madre de series como *The Handmaid's Tale*, es más fácil ver cuánto valoran los ingresos publicitarios. En Hulu conviven dos planes: uno, por 7,99$ con *publicidad limitada*. Otro, por 11,99$ sin publicidad (excepto en unas pocas series, por temas de derechos). **4 dólares al mes**: ese es el beneficio de la interrupción con anuncios para una plataforma de streaming, donde aproximadamente el 60% de los miembros prefiere pagar más, a cambio de no ser interrumpido.

Mientras escribo esto, seguimos esperando el servicio de *streaming* de Disney, en preparación desde al menos dos años. Previsto para 2019, traerá a la arena del contenido de pago bajo demanda a la empresa con la mayor cartera de propiedad intelectual del mundo. Lo hará, presumiblemente, con una propuesta libre de publicidad.

HBO, Rakuten, Amazon Prime, o pequeños players especializados como Filmin: en todas estas plataformas o no existe publicidad o tiene un alcance muy limitado. A medida que la audiencia se desplace desde la televisión tradicional a estos servicios, los espacios publicitarios se reducirán. Y lo que queda son los clientes de menor valor, aquellos que no pueden pagar unos euros de más para que no los molesten.

Música sin cuñas publicitarias

Spotify tiene un modelo *freemium*: gratis con publicidad, de pago sin ella. Lo que intenta es que el servicio gratuito sirva de muestra para el de pago, y que en algún momento la mayor parte posible de usuarios se conviertan en miembros de pago.

¿Cuáles son algunos de los anuncios más habituales en Spotify?

Los que la propia plataforma te pone para que te conviertas en miembro de pago y, cito casi textualmente alguna variación de las muchas que existen, *dejes de escuchar anuncios, que es que son un tostón*.

¿A nadie le parece paradójico que la propia plataforma que te coloca los anuncios cada 5 canciones los degrade y los ponga a la altura de un chantaje, de basura que deberías evitar pagando? *"Ey, no seas tonto y paga, así te dejamos de bombardear"*.

¿No le provoca a ningún *anunciante* cierta disonancia cognitiva el anunciarse en un sitio que no deja de repetir que *los anuncios son lo peor y debería pagar para evitarlos*? Básicamente, cualquier marca se anuncie en Spotify está diciéndole al que lo escucha: *no deberías estar escuchando esto, si lo haces, es o bien porque no tienes dinero o porque has aprendido a ignorar las interrupciones.*

Curiosamente, otro de los formatos más habituales es la esponsorización: *mira este vídeo y **no** escucharás más publicidad en 30 minutos*. Otro chantaje, esta vez pagado por la marca: si miras mi vídeo, nadie más te molestará durante 30 minutos.

Luego, ya veremos.

¿Tiene sentido este modelo?

El modelo gratuito con publicidad trae una serie de cargas y costes extra. Es necesario contar con una red comercial y hay que pensar en una experiencia que satisfaga tanto al usuario (el que usa la plataforma) como al cliente (el que paga los anuncios).

Tener publicidad hace todo más complejo.

Pero, al menos de momento, es el modelo de Spotify. Mientras tanto, Apple Music nos cuenta con letra bien grande en su web que es *"ad-free"*.

La televisión de este siglo no quiere publicidad. La radio de este siglo no quiere publicidad (o la usa como arma para hacer chantaje). La empresa que más publicidad vende en el mundo no quiere publicidad.

Tras idas y venidas, Google convertía la propuesta de valor de YouTube Music y YouTube Premium en algo consistente y mucho más apetecible:

	YouTube Premium	YouTube Music Premium
▶ Music	$11.99	$9.99
Ad-free music	✓	✓
Listen in the background	✓	✓
Downloads	✓	✓
▶ YouTube		
Ad-free video	✓	
Play in the background	✓	
Downloads	✓	
All YouTube Originals	✓	

Fuente: Captura de la propuesta de YouTube Music.

YouTube Music, el servicio rival de Spotify, al mismo precio que este. Pero por *dos* dólares más… (¡2!) se incluía una versión de YouTube cuyo principal añadido es (adivina, adivinanza) ***no tener anuncios***, a lo que sumaba las series especiales de YouTube Originals. Es decir, que Google renuncia alegremente a todo lo que ingresa con las decenas de pre-rolls que ves cada día por 2 dólares. **Dos**.

Noticias y contenido escrito

El porcentaje de personas dispuestas a pagar por las noticias sigue siendo bajo, en España apenas el 10%, aunque en países como Noruega llega al 30%.

Fuente: Statista.

Los grandes medios fueron una de las primeras grandes víctimas de la transición digital, con unas estructuras imposibles de mantener con las tasas de respuesta de la publicidad digital. La transición a modelos de pago ha sido turbulenta en el mejor de los casos, con pocos medios capaces de conseguir cobrar por el contenido.

Pero los intentos continúan.

Cuando Medium decidió empezar a monetizar su plataforma no quiso *ensuciarla* con publicidad: la mejor opción les pareció poner un *paywall* y permitir ver parte del contenido gratis. En la página de venta de suscripción, cuando hablan de su misión y de para qué están hechos, ¿cuál es la primera palabra que tachan?

La publicidad:

A platform built for...

advertisers	people
quantity	quality
sponsored content	original ideas
pop-ups & banners	clean reading experience
clickbait	engagement & depth
pageviews	viewpoints

Fuente: captura de pantalla de la propuesta de valor de Medium.

Una plataforma construida para la gente, no para los anunciantes.

Porque… Parece ser que los anunciantes son lo opuesto de las personas, al menos para Medium, que equipara los *banners* a basura que ensucia la experiencia de lectura.

A finales de 2017, Caitlin Roman, Product Manager de suscripción, declaraba en una entrevista que habían valorado la opción de incluir publicidad y que se habían dado cuenta de que *"claramente los objetivos de los anunciantes y los de los lectores no coincidían"* Según Ev Williams, su fundador (y cofundador también de Twitter), *"los medios dirigidos por publicidad se rigen por su capacidad de captar la atención… No en ofrecer perspectivas informadas, ser concienzudos o incluso de ofrecer hechos fidedignos. Si no de captar la atención. Lo más barato que puedan. Por unos pocos segundos."*

El dinero de la publicidad ha convertido a muchos medios en granjas de *clickbait*, llenos de titulares que ofrecen falsas promesas con el único incentivo de generar impresiones extra y arañar unos pocos céntimos de los bolsillos de los anunciantes. Para Medium, la publicidad es contraria a sus objetivos.

Un dinero maldito que no quieren cobrar.

Y más

Estos son los casos más conocidos, los que han abierto la veda del entretenimiento y la información libres de publicidad, pero hay decenas de proyectos que buscan resolver la ecuación: **¿cómo pagar a los creadores de contenido** *(que sí queremos ver)* **sin publicidad** *(que queremos ignorar)*?

Patreon es la plataforma por excelencia para que los fans puedan financiar las obras de los creadores independientes que siguen. Todo para evitar la dependencia de... Sí, la publicidad. Donaciones, *wishlists*, afiliados o la creación de un producto propio (sin contar con las acciones de marketing de *influencers*)... Los creadores independientes también están intentando escapar de la publicidad, al menos de la publicidad tradicional de interrupción.

Incluso Facebook, la segunda empresa *"publicitaria"* del mundo, lo intenta. Lleva años tratando de convertir a Messenger en una plataforma que sirva para el comercio y los pagos. Y hace poco empezó a coquetear con los micropagos en los grupos.

Con el auge de los modelos de pago los espacios publicitarios se irán reduciendo. Quedarán los grandes eventos deportivos, algunos directos y una televisión *tradicional* que se resiste a morir, pero que apenas será la sombra de lo que fue.

Cada vez son más las situaciones en las que pagaremos para evitar la publicidad. Cuando no nos interese pagar algo, la bloquearemos. O directamente la ignoraremos, porque estaremos demasiado ocupados. De hecho, según datos de Marketing Week, sin bloqueos de por medio, el 91% de los anuncios online se ve durante menos de un segundo.

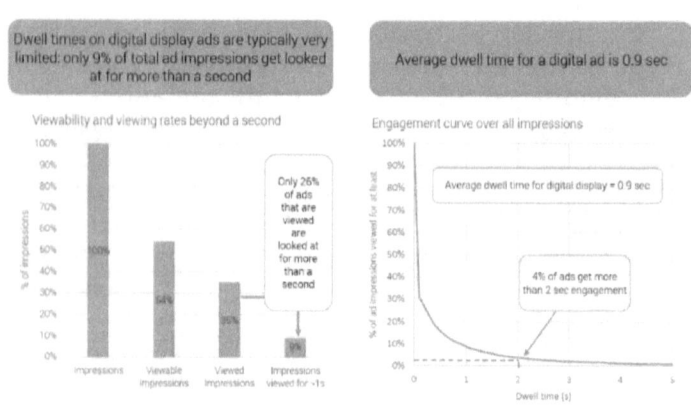

Fuente: Marketing Week.

Sólo habrá dos tipos de personas viendo anuncios:

- Los que **no sepan** cómo librarse de ellos.

- Los que **no puedan pagar** plataformas premium.

Ignorantes y pobres, la nueva audiencia de la publicidad. Sin ánimo de ofender.

De hecho, basta con echar un vistazo al medio más receptivo a la publicidad de interrupción, al que dio origen a la edad de oro de la publicidad, la televisión. Casualmente, es el único medio que más se consume *cuanto menor* es la clase social:

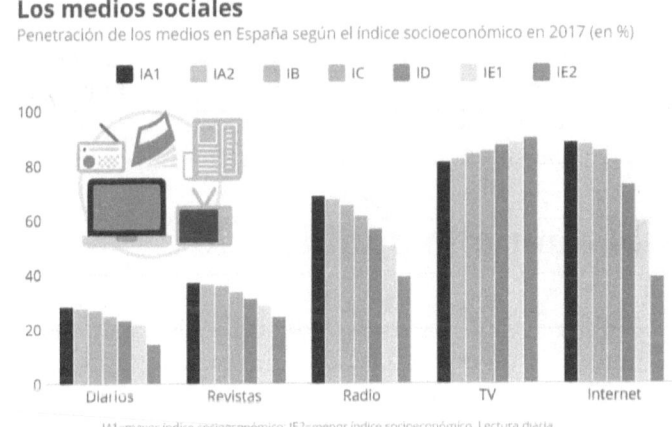

Fuente: Statista.

Habrá, eso sí, un tercer grupo que no dejará de *ver* la publicidad. O, al menos, de interactuar con ella, de hacer click, de visitar la web del anunciante. Es un grupo muy entusiasta, consume cantidades ingentes de anuncios. Hace click. Abre páginas. Pero no consume. Ni compra nada.

¿Por qué?

Porque no es humano. Son ejércitos de *bots*. El fraude con anuncios digitales alcanza dimensiones que asustan, como veremos en breve.

Si tenemos un producto que cada vez funciona peor, que ahuyenta a más gente y que cada vez ofrece peores resultados daríamos por hecho que su precio está bajando. Sin embargo, ocurre lo contrario: como ya vimos, el gasto en publicidad no para de crecer. Y los precios, también.

Hemos visto los principales problemas que encara la publicidad con sus clientes finales. Pero para tener una visión completa, necesitamos entender qué pasa con el lado de la oferta.

El duopolio publicitario

Probablemente si estás leyendo esto ya lo sepas, pero... ¿Cuáles son las dos principales empresas de publicidad del mundo?

Google y Facebook. De lo que no tanta gente es consciente es del peso que tienen. El **25%** de la inversión publicitaria total en 2017 fue para Google y Facebook. Lo que es más o menos el 60% del total de publicidad digital.

Más de la mitad de la publicidad online está en manos de dos empresas, que, con los volúmenes que manejan, no tienen problemas en rentabilizar su inventario y ser dos de las mayores empresas del mundo (Google es la tercera y Facebook, la quinta). Hemos llegado a esta situación en unos pocos años. Aunque ahora nos parezca una situación *"normal"*, merece la pena echar un vistazo al ritmo de crecimiento de los ingresos publicitarios las dos empresas.

En 2004 Google ingresó poco más de 3.000[7] millones de dólares por publicidad. En 2017 hablamos de 95.000 millones de dólares: unas 32 veces más en 14 años. Facebook en 2010 no llegaba a los 2.000 millones[8], en 2017 rozaba los 40.000 millones de dólares, casi 20 veces más en 8 años. En poco más de una década, la industria se ha concentrado en dos empresas tecnológicas de alcance global.

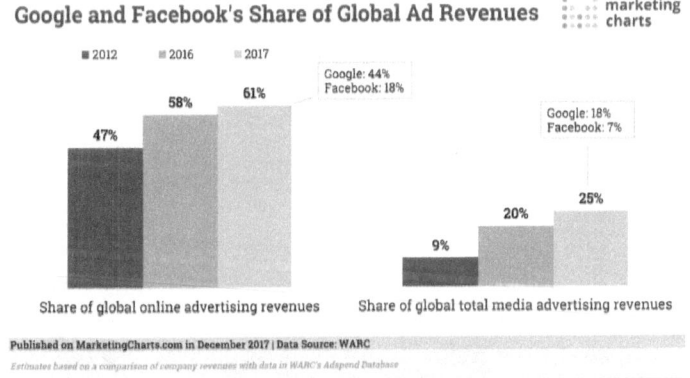

Fuente: MarketingCharts, WARC.

En Estados Unidos la cifra llegaba al 63% en 2017, según datos de eMarketer:

---

[7] Aquí se pueden consultar los datos:
https://www.statista.com/statistics/266249/advertising-revenue-of-google/

[8] Igualmente, aquí se pueden consultar los datos:
https://www.statista.com/statistics/271258/facebooks-advertising-revenue-worldwide

Net US Digital Ad Revenues, by Company, 2016-2019
billions

	2016	2017	2018	2019
Google	$29.43	$35.00	$40.08	$45.69
—YouTube	$2.92	$3.88	$4.43	$4.96
Facebook	$12.37	$17.37	$21.57	$25.56
—Instagram	$1.61	$3.08	$5.40	$6.84
Microsoft (Microsoft and LinkedIn)	$3.34	$3.60	$3.84	$4.04
—LinkedIn	$0.73	$0.81	$0.92	$1.02
Oath	$1.27	$3.60	$3.69	$3.77
Amazon	$1.12	$1.65	$2.35	$3.19
Twitter	$1.36	$1.21	$1.16	$1.16
Yelp	$0.62	$0.72	$0.84	$0.98
Snapchat	$0.30	$0.64	$1.18	$2.04
IAC	$0.50	$0.45	$0.41	$0.38
Yahoo	$2.25	-	-	-
Total digital ad spending	$71.60	$83.00	$93.75	$105.44

Note: includes advertising that appears on desktop and laptop computers as well as mobile phones, tablets and other internet-connected devices, and includes all the various formats of advertising on those platforms; net ad revenues after companies pay traffic acquisition costs (TAC) to partner sites
Source: company reports; eMarketer, Sep 2017

Fuente: eMarketer.

El negocio publicitario nunca estuvo tan concentrado como ahora. Y la situación a la que ha llevado no es buena para las empresas independientes (la crisis de los medios da para 10 libros) ni para los anunciantes, ni, en muchos casos, para los usuarios.

La teoría económica más básica nos dice que cuanto más cerca estamos de un oligopolio más subirán los precios (al fin y al cabo, alguien tiene que pagar los comedores de Google y Facebook).

¿Qué ha ocurrido?

Efectivamente, los precios (en promedio) han subido, tanto en Google como en Facebook. Entre 2012 y 2014, el coste medio por click subió un 40%

en Google, según datos de Kantar Media. En algunos sectores, como el legal, el precio creció hasta un 100%:

Rise in Average Cost Per Click on U.S. Google AdWords by Industry Category									
	Automotive	Education	Financial	Health	Home & Garden	Legal	Shopping & Classified	Telecommunications	Travel
Q1 2014	$1.57	$4.30	$2.61	$2.16	$1.30	$5.82	$0.77	$1.35	$0.91
Q1 2013	$0.91	$3.35	$2.48	$1.54	$0.95	$3.01	$0.72	$1.08	$0.84
Q1 2012	$0.86	$2.95	$2.35	$1.52	$1.01	$2.91	$0.72	$1.00	$0.77
% Increase	83%	31%	11%	42%	29%	100%	7%	35%	18%

© 2014 AdGooroo, a Kantar Media Company. All Rights Reserved.

Fuente: AdGooroo.

Con datos más recientes de Hochman Consultants, podemos ver una tendencia similar: entre 2013 y 2016, el CPC medio se duplicaba y el coste por conversión prácticamente se triplicaba:

Average PPC Costs

Metric	2016	2015	2014	2013
Cost per click (CPC)	$2.14	$1.58	$1.02	$0.92
Click through rate (CTR)	1.16%	0.8%	0.9%	0.5%
Average Ad Position	1.6	1.8	1.9	2.1
Cost per mille (CPM)	$24.74	$12.07	$8.81	$4.70
Conversion rate	6.5%	3.6%	4.7%	8.8%
Cost per conversion	$33.00	$44.50	$30.25	$10.50
Invalid click rate	10.7%	9.8%	7.8%	8.3%

Fuente: Hochman Consultants.

Y, según Merkle, en el segundo trimestre de 2018 el CPC había subido otro 10%.

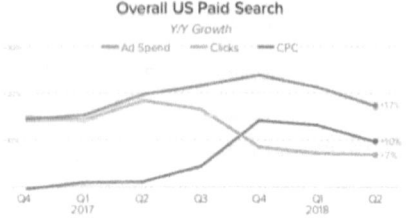

Fuente: Merkle Digital Marketing Report, Q2 2018.

En Facebook, tenemos una tendencia similar, aunque más acelerada. Según AdStage, en los 6 primeros meses de 2017 tanto el coste por mil impresiones como el coste por click crecieron a tasas muy superiores al 100%: 171% en el CPM y 136% en el CPC.

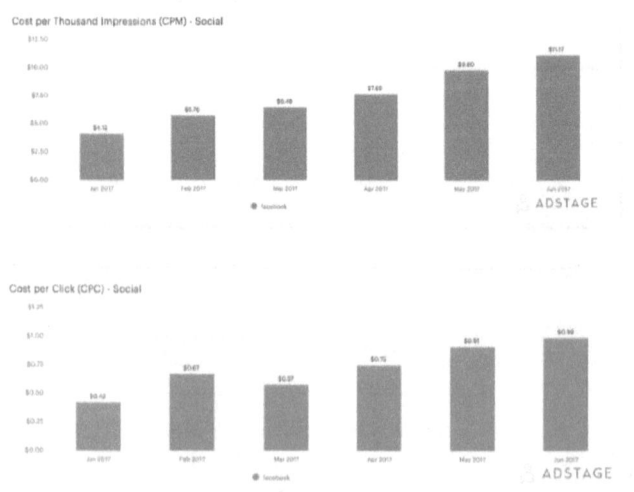

Fuente: AdStage.

Todo esto, mientras el CTR se mantenía plano.

¿Por qué estas subidas? Lógicamente, porque hay más demanda. El trasvase de inversión de publicidad tradicional a digital se ha concentrado sobre todo en dos grandes actores.

No estamos pasando sólo de un modelo analógico a uno digital, **estamos pasando de un oligopolio local** (unos cuantos grupos de medios por país) **a un duopolio global**.

Aunque algunas tendencias apuntan a que el duopolio se debilitará en los próximos años, de hacerlo, seguramente será porque otra *"de las grandes"* entre en el juego. Probablemente Amazon (que ya ha dado los primeros pasos), quizá Apple (que también ha hecho algunos avances). En cualquiera de los casos, pero especialmente en el de Amazon, esto podría suponer aún mayores presiones para marcas y medios: la cadena de valor estaría aún más concentrada, con una sola empresa gestionando la publicidad y la propia compra, usando, seguramente, su propia logística en el caso de productos físicos.

El fraude global

A principios de 2018 Pixalate destapaba el caso *"Mega-Cast"*, una aplicación para Android que servía anuncios "invisibles" para el usuario (aunque consumiendo sus recursos), siguiendo un proceso de *"app laundering"* en el que hacía creer a la plataforma anunciante que sus piezas se estaban mostrando en otra aplicación, de manera legítima. El proceso era relativamente sofisticado y se calcula que el gasto para los anunciantes llegaba a los 75 millones de euros al año. La estafa salpicó a marcas como Disney, Volvo o L'Oreal.

No es una anécdota aislada. Si los "malvados usuarios" bloquean la publicidad, ¿cómo mantener los ingresos? Al igual que el bloqueo de anuncios, el fraude de clicks es tan antiguo como Internet. Ante cualquier sistema de incentivos que premie con dinero acciones no monetarias, aparecerá alguien que intente hacer trampas. Y, por suerte o por desgracia, no es difícil: las pérdidas por fraude se cifran en centenares de millones. Y no se trata sólo de pequeños medios intentando sobrevivir, salpica a las empresas más grandes.

Hay empresas invirtiendo su dinero para que un robot haga click en un anuncio: dinero que sale de su bolsillo para acabar repartido entre una central de medios, un medio y varias plataformas. Anuncios que nunca han sido vistos por personas, pero que suben el CTR y las visitas. A veces se trata de competidores intentando gastar el presupuesto de otras empresas, a veces de medios desesperados por sobrevivir, a veces de *simples* listillos. Pero en otras ocasiones, podemos hablar de estafas globales que parecen sacadas de alguna novela negra.

En 2018 Juniper Research estimaba que hasta un 9% del gasto en publicidad online sería un fraude: las empresas pierden hasta 51 millones de dólares *cada día.*

En el caso de la compra programática, algunas estimaciones de fraude llegan hasta el 35%, más de un tercio. Según el *"Bot Baseline Report"*, hasta el 23% de la inversión en vídeo podía considerarse fraudulenta. En otro estudio, Pixalate situaba las cifras de fraude en el 25%.

No hablamos de casos aislados: se trata de un problema estructural, que incrementa los costes para todos y que sólo beneficia a unos pocos.

Sin contar con los accidentes... El dedo gordo está ahí

¿Cuántas veces has ido a cerrar un banner dándole a la pequeña esquina de la derecha para encontrarte en una web a la que no sabes cómo has llegado? El efecto "dedo gordo" (o pulgar) es real y todos lo hemos vivido. En algunos casos hablamos de más de la mitad de los clicks en el móvil. [9]

Recapitulando

La publicidad ha sido el precio a pagar por poder acceder a contenidos gratis, o a un coste reducido. Un mal menor en la vida de la mayor parte de la gente, donde un grupo de elegidos creaba anuncios para interrumpir a audiencias masivas. Nunca fue una solución ideal, pero sí tolerable y, sobre todo, que funcionaba para los anunciantes.

El modelo se está rompiendo.

---

[9] Uno de los muchos artículos que hablan de esto: https://www.mediapost.com/publications/article/268266/60-of-all-mobile-banner-ad-clicks-are-accidents.html

Lleva haciéndolo años y en los próximos la situación irá probablemente a peor. Asaltados por innumerables actividades que hacer, saturados de series de televisión, películas, juegos y contenidos de todo tipo las personas han decidido bloquear o ignorar el ruido superfluo. Este cambio, que no es nuevo, destruye la forma en la que estábamos acostumbrados a pagar el contenido que queríamos ver. Las tasas decrecientes de interés y resultados perjudican sobre todo a medios y creadores independientes, que necesitan una solución urgente para poder financiarse. Sólo las grandes plataformas consiguen rentabilizar el modelo con volúmenes inalcanzables para la mayoría.

La gente continuará bloqueando, ignorando y huyendo de la publicidad. Sólo unos pocos lo hacen por motivos altruistas o ideológicos: la mayoría simplemente lo hace porque puede, porque es más cómodo. Porque la solución contraria no les ofrece valor.

El dinero sigue a la atención. La atención se ha vuelvo cada vez más valiosa.

Pero todas las previsiones catastrofistas de las últimas décadas sobre "la muerte de la publicidad" se han topado con la realidad: interrumpir sigue siendo rentable para muchos. Casi todos los fenómenos de los que hemos hablado existían ya en la primera mitad de los 2000: desde la fragmentación de audiencias, al bloqueo, pasando por el fraude o la migración a plataformas de contenido de pago libres de anuncios.

Sólo han cambiado dos cosas: la escala y los responsables de los soportes publicitarios.

En la primera mitad de los 2000, la situación sólo afectaba a unos pocos millones de personas (unos 300). La punta de lanza, los usuarios sofisticados que vieron el problema. La llegada del público masivo puede haber diluido el discurso ideológico, pero el asedio publicitario que afectaba a esa minoría ilustrada, ha terminado por convertirse en una molestia intolerable para el "usuario medio". Las soluciones se han simplificado y las opciones han crecido. Puede que llevemos 15 años de retraso, pero lo que auguraron esas minorías ilustradas, está convirtiéndose en realidad.

El otro gran cambio respecto a los primeros 2000 pasa por las empresas implicadas. Google no es una *startup* empezando a probar un nuevo modelo de anuncios de texto. Es la empresa publicitaria más grande del mundo. Facebook no es un experimento de dormitorio: es la quinta empresa más grande del mundo. El control que pueden imponer a los anunciantes es mayor del que podía soñar cualquier medio nacional hace 20 años.

Las plataformas tienen el control de la publicidad.

¿Cuál es el reemplazo de la maquinaria publicitaria?

Por un lado, resulta difícil mirar a los datos y no ver que la situación se está haciendo insostenible. Por otro, resulta difícil imaginarse un mundo distinto.

Hasta ahora, seguimos sin encontrar alternativas. Durante años hemos escuchado que las marcas deberían convertirse en medios para sobrevivir a la crisis de atención, pero son pocos (muy, muy pocos) los casos en los que una estrategia de contenidos ha conseguido reemplazar a una campaña con presupuesto. A pesar del fraude, del bloqueo, de la ceguera publicitaria, no hay ninguna vía sin un fuerte componente de interrupción que sea capaz de alcanzar la escala de la publicidad *"de toda la vida"*. Hay casos de éxito por aquí y por allá, pero la mayor parte de grandes empresas necesitan la publicidad de interrupción para llegar a sus clientes.

Pero el coste será cada vez mayor: como marcas intercambiables en un stand de centro comercial, el margen que tendrán que ceder a Facebook, Google o Amazon será cada vez más grande.

La crisis de la publicidad no afecta a sólo a los "anunciantes". Es una tragedia para los medios, obligados a ofrecer una experiencia cada vez peor a sus usuarios para sobrevivir. Los modelos de suscripción están ahí, pero siguen siendo minoritarios en el mundo de las noticias y el contenido de texto.

Ninguno de los problemas que afrontamos es nuevo. Pero sí más grandes. El bloqueo de anuncios ha pasado de ser algo minoritario a ser prácticamente *mainstream* en unos pocos años. No ha llevado ni una década a dos empresas tecnológicas el hacerse con una cuarta parte del mercado publicitario a nivel mundial, y probablemente la tendencia se fortalecerá a medida que más publicidad analógica se convierta en digital. Las mejoras en la analítica han puesto en evidencia el desinterés de la mayor parte de las personas por ver anuncios. Cada vez tendremos más datos que nos señalen el despilfarro.

Pero, ¿podremos hacer algo? ¿Sabemos hacer algo distinto?

De momento, la solución ha pasado por echar más paladas de dinero.

¿No se ven los anuncios? Incrementamos la presión.

¿La gente se los salta? Hacemos que sean "no saltables". Retargetizamos y perseguimos.

Pero hay un límite al que llegar.

Los espacios libres de publicidad crecen cada día, la posibilidad de ignorarlos se hace más fácil, la efectividad disminuye.

El primer beneficio que destaca cada servicio de pago es ser "libre de anuncios". Pero de alguna manera habrá que invertir todos esos millones que ahora se van a redes de bots, no llegan a su destino o, simplemente, se ignoran.

Parte III:

Qué alternativas tenemos

«El miedo es el camino al lado oscuro. El miedo lleva a la ira; la ira lleva al odio; el odio lleva al sufrimiento.»

Yoda, en la peor película de Star Wars.

«No escucharán. ¿Sabes por qué? Porque tienen ciertas nociones fijas sobre el pasado. Cualquier cambio sería una blasfemia ante sus ojos, incluso aunque fuera la verdad. No quieren la verdad; quieren sus tradiciones.»

Isaac Asimov, Un Guijarro en el Cielo.

«Es imposible vivir en el pasado, difícil vivir en el presente y un desperdicio vivir en el futuro.»

Frank Herbert, en Dune.

«Toda idea revolucionaria parece evocar tres reacciones sucesivas. Se pueden resumir en estas frases: (1) Es completamente imposible. (2) Es posible, pero no merece la pena. (3) Dije que era una buena idea desde el principio.»

Arthur C. Clarke.

Llegamos al cruce de caminos

Las *"primeras revueltas contra la interrupción"* fracasaron. Los que nos iban a liberar, decidieron que el pastel era demasiado jugoso. Cuando parecía que nos dirigíamos a un mundo más distribuido, dimos un volantazo y acabamos en un mundo más concentrado que nunca. Concentrado, eso sí, de una forma distinta.

Hemos pasado de un enfoque ideológico a uno puramente pragmático.

De un reducido número de pensadores a una masa enfurecida que no quiere ser interrumpida.

La gente seguirá instalando bloqueadores, mirando hacia otro lado o desarrollando ceguera publicitaria. Ante un mundo cada vez más escéptico con la publicidad se han intentado distintos enfoques. Ninguno es completamente nuevo, muchos empezaron hace más de 20 años y otros son tan antiguos como la publicidad.

Empecé este manifiesto con la firme intención de ofrecer alguna solución, pero no sería del todo sincero si dijera que la tengo.

Por ser sincero, mi opinión es que no hay nada que pueda reemplazar *completamente* a la publicidad como maquinaria de venta en el corto o medio plazo. Estamos viviendo la resaca de la interrupción masiva y adaptándola, como podemos, a los nuevos canales y medios. Hablar en 2018 de *"canales digitales"* como algo nuevo es absurdo, pero sí ha sido en los últimos años, gracias a los móviles, cuando de verdad podemos hablar de una sociedad de consumo plenamente, o casi, digitalizada. Lo que no quiere decir, ni mucho menos, que estemos llegando al tope.

El peso del comercio electrónico sobre el total de ventas minoristas era en 2017 de poco más del 10%, la publicidad online es aproximadamente la mitad del total a nivel global (el 40% en España) y los libros electrónicos suponen la cuarta parte del total de ventas de libros: en algunos sectores nos aproximamos o superamos el punto de inflexión en el que lo digital ya supera a lo analógico, en otros, estamos apenas empezando.

Se prevé que el peso del e-commerce sobre el comercio minorista total llegará al 17,5% en 2021. No tengo mucha fe en las previsiones (no hace falta más que echar un vistazo a las previsiones pasadas de cualquier tendencia para saber que los errores son enormes) pero lo que sí tengo claro es que queda mucho, mucho camino por recorrer.

E-commerce share of total global retail sales from 2015 to 2021

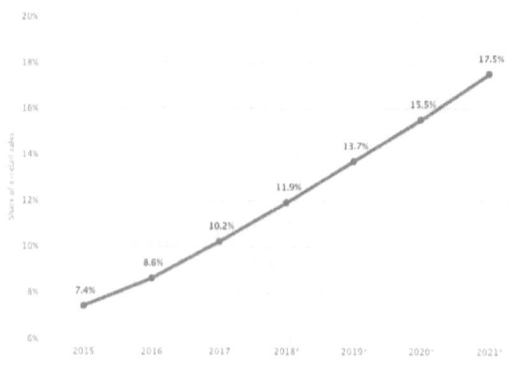

Fuente: Statista.

El tiempo que se dedica a medios digitales respecto a los tradicionales está más o menos empatado en economías maduras, pero si echamos un vistazo a economías emergentes, el peso de lo digital es desproporcionado. Nuestras nuevas generaciones se parecerán más en los patrones de consumo de medios a estas economías que las tradicionales.

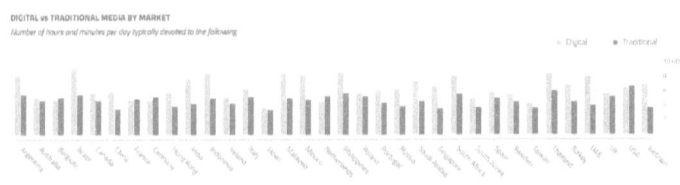

Fuente: GlobalWebIndex.

¿Llegaremos a un 100% de digitalización? Seguramente no.

Siempre se dice que el cine no mató al teatro, pero es innegable que lo relegó a un segundo plano. Es probable que muchas de las actividades que todavía realizamos sigan su proceso de digitalización, pero siempre sobrevivirá una parte analógica. Eso sí, cada vez más pequeña.

¿Cómo afectará esto al futuro de la publicidad? O, reformulando la pregunta, ¿cómo se relacionarán las empresas con sus clientes en un entorno en el que la interrupción será cada vez más cara, o quizá imposible? Es de lo que vamos a hablar aquí. En la primera parte de este manifiesto vimos que desde finales de los 90 y principios de los 2000 no fueron pocas las voces que auguraban *"el apocalipsis"* publicitario (o *"adpocalipsis"*, en un juego de palabras que tenía su gracia). Aunque todas tenían su parte de razón y en cierto modo anticiparon el cambio que estaba por llegar, es innegable que pecaron de catastrofistas (u optimistas, depende del punto de vista): desde el *Cluetrain* a *Permission Marketing*, pasando por los más visionarios artículos de Wired o los ensayos de Meerman Scott, el mundo no ha cambiado tanto.

Sí, tenemos casos de éxito por aquí y por allá, pero los presupuestos de publicidad no han parado de crecer, simplemente, han cambiado de manos.

El Fin de la Publicidad tal y como lo conocemos

Justo antes de empezar a escribir este libro-manifiesto hice algo de investigación (busqué en Google) para documentarme sobre otras perspectivas. Tenía claro lo que se había dicho hace años, más o menos claro cuál había sido el resultado real y ligeramente claro lo que yo mismo pensaba, pero no cuál era el *"estado del debate actual"*. En menos de 10 segundos me encontré con un libro publicado en 2017: *"The end of advertising"*, de Andrew Essex. Vaya, alguien me había *robado* la idea. Y había sido CEO de una de las agencias creativas más importantes del mundo. Por un lado, sentí cierto alivio: alguien había escrito lo que yo tenía pensado hacer y me había liberado de tan pesada carga. Por otro, sentí una ligera decepción: dejaba de tener sentido que escribiera nada, porque cualquier cosa que escribiera ahora sonaría a copia. Tras darle unas cuantas vueltas decidí que algo que me provocaba sentimientos ambivalentes y cierto vértigo (¿tenía sentido que alguien como yo escribiera esto? ¿estaba mínimamente cualificado?) tenía que merecer la pena.

Así que empecé a escribir. Y cuando estaba atascado en alguno de los primeros capítulos decidí que no tenía sentido seguir escribiendo sin leer el libro de Essex (que, por cierto, no tenía muy buenas reviews, lo que me hizo dudar sobre la compra). Finalmente (sin haber visto antes ningún anuncio), lo compré. Lo leí y creo que merece la pena repasar algunos de los puntos que él mismo comenta.

Como decía, Andrew Essex viene del mundo de la publicidad (fue el CEO de Droga5, una de las agencias creativas más importantes del mundo), aunque también dedicó parte de su vida a los medios de comunicación en posiciones directivas. No descubrió el *adblocking* hasta que "se puso de moda" en 2015 y ahí llegó su revelación.

Un gran porcentaje del libro se destina a hablar del bloqueo de la publicidad y su historia, de cómo pasó de ser un *"invento de un universitario aburrido"* a una tendencia que pondría en jaque a media industria y haría perder centenares de millones de euros a algunas de las empresas más grandes del mundo. Hace un repaso histórico por los orígenes de la publicidad que merece la pena ser leído, con casos tan curiosos como los anuncios de heroína que hacía Bayer a principios del siglo pasado. Sí, has leído bien: **Bayer inventó la heroína y creó algunas maravillosas campañas publicitarias para venderla como remedio para la tos.**

El libro es interesante y estaba alineado con mi pensamiento: si todo el mundo odiaba la publicidad, menos los que la hacían, su *fin* era inevitable en un mundo en el que el coste de la interrupción iba a ser cada vez más alto y la publicidad algo fácilmente evitable. El trasvase a entornos *"libres de publicidad"* mediante el pago de suscripciones era ya un hecho consumado (o en vías de) y la televisión, el canal preferido de la publicidad de interrupción, empezaba a ver amenazado su reinado (eso sí, unos 20 años más tarde lo que muchos habían previsto). Con el curriculum de Essex, estaba deseoso de llegar a la parte en la que nos propusiera el reemplazo de la publicidad: ¿qué sería? ¿qué soluciones habrían salido de su brillante mente? Temía que se fuera a quedar en los clásicos de la primera década de los 2000 (el contenido relevante), pero no. Tenía algunas ideas distintas.

Aunque ninguna demasiado acertada (en mi opinión, claro).

Las soluciones de Essex al "fin la publicidad"

Una de las principales tesis que defiende es que la publicidad necesita convertirse en *"la cosa* que quieres consumir en lugar de *la cosa que vende la cosa"*: algo que podríamos traducir como Marketing de Contenidos (más sobre este tema más tarde).

Pero es innegable que cuando llega a la parte de ofrecer soluciones concretas al dilema de la industria sus respuestas se vuelven algo vagas. No puedo culparle, porque estoy pasando por lo mismo, pero creo que antes de empezar con mis ideas, merece la pena comentar algunas de sus soluciones.

En uno de sus párrafos:

«*A riesgo de ser repetitivo, estoy aquí para defender que la publicidad como la conocemos - excepto en los eventos en directo y la plataforma social de moda - está acabada. No vengo a elogiarla (...) si no a enterrarla. Creo que la única cura para este paciente terminal, el único rayo de esperanza para la supervivencia de la publicidad, es la creatividad*

(...)

A medida que la publicidad tradicional desaparezca, la gente seguirá necesitando comprar y vender cosas; todavía necesitaremos saber cuáles son las novedades. Sería de sabios aprender de los errores del pasado, en lugar de repetirlos

(...)

la publicidad no tendrá otra alternativa que competir como contenido principal, no como una intromisión secundaria»

Essex, Andrew. The End of Advertising: Why It Had to Die, and the Creative Resurrection to Come (p. 90-91). Random House Publishing Group.

Uno de los ejemplos que nos da Essex es el caso de LEGO y sus películas, que Essex tilda como *"anuncios que duran más de una hora y que la gente está dispuesta a pagar por ver"*. La duda que me surge es: ¿cuántos casos así podemos encontrar? Y, ¿de verdad se trataba de un anuncio o de un producto en sí mismo? ¿Cuántas empresas pueden permitirse hacer una película sobre sus productos?

La respuesta es doble: para empezar, marcas de juguetes creando series o películas no es algo nuevo (pensemos en He-Man, sin ir más lejos) y, en realidad, son pocas las empresas que puedan sustituir la publicidad con algo así.

Angry Birds ofrece un contrapunto al caso de éxito de LEGO. Nacido como juego *freemium*, convertido en uno de los primeros fenómenos de masas de la era mobile, Rovio (la empresa finlandesa responsable de la franquicia) decidió que la marca **"Angry Birds"** era el activo más importante con el que contaba.

No el juego, la marca.

Y comenzó una loca carrera por abrir tiendas por todo el mundo para vender camisetas, cojines, juguetes, tazas y casi cualquier cosa en la que se pudiera estampar su figura. Tuve la oportunidad de charlar personalmente con Peter Vesterbacka, su director de Marketing (Mighty Eagle, en terminología Angry Bird) en un evento de TechCrunch en Pekín en 2015, poco después de que la empresa tuviera que enfrentarse a un fuerte reajuste.

Por aquellas fechas estaban preparando el salto al cine y Vesterbacka transmitía optimismo: la película de los Angry Birds estaba prevista para 2016. A pesar de recaudar más de 350 millones dólares a nivel global, siendo la segunda adaptación de un videojuego de más éxito hasta la fecha y colándose en el top 100 de películas de animación más vistas de la historia, los pájaros enfadados nunca terminaron de remontar el vuelo y los despidos han continuado protagonizando titulares. Convertir un juego (o un juguete) en una película (o parque de atracciones o cualquier otra aventura empresarial) no es fácil ni tiene por qué trasladarse en un incremento en ventas del producto principal: es un negocio distinto, con sus propias reglas, sus propios riesgos y sus propios beneficios.

Soy bastante escéptico con esta propuesta. No digo que no funcione o no tenga sentido. Para LEGO está claro que funciona. Disney lo hace, aunque siguiendo el camino inverso (de propiedad intelectual a juguetes o parques). Nintendo está en ello. Pero es algo que sólo aplica a sectores relacionados con el entretenimiento. Puede que una marca de caramelos cree un videojuego de éxito y gane dinero con él. Pero hacer un videojuego bueno, uno al que la gente quiera jugar, es un reto en sí mismo. Hacer un parque de atracciones es un negocio en sí mismo. Crear una película es una tarea titánica.

No, hacer una película, aunque sirva de apoyo para vender juguetes, no es ni sostenible ni replicable para cualquier negocio.

Finalmente, la otra gran idea que propone el autor no es otra que **convertir a las marcas en "benefactoras"**.

Con un sector público (sobre todo en Estados Unidos) cada vez más empobrecido: ¿por qué no desviar parte del presupuesto publicitario a resolver problemas? Citi Bike es el caso que analiza.

Uno de los bancos más grandes del mundo desvió parte de su presupuesto de publicidad de exteriores para crear un servicio de transporte en bicicletas en Nueva York. Con más de 12.500 bicicletas es el programa de su categoría más grande de Estados Unidos, lo que supone un montón de anuncios pedaleando por la ciudad cada día. ¿Son más efectivas estas "bici anuncio" que los anuncios tradicionales? Seguramente. Pero, ¿es algo escalable o que tenga que ver con la marca? Citi puede *patrocinar* (o poseer) unas bicicletas, conseguir notas de prensa y prestar un servicio maravilloso a miles de personas cada día en Nueva York. Pero ¿qué conexión tiene con la marca o la empresa? No deja de ser un vínculo relativamente forzado. Una acción que podría hacer cualquier otra empresa. Y si algo vale para todo el mundo, es que no vale para nadie.

Esta es la nueva Gran Idea: las marcas pueden convertir el mundo en un lugar mejor y pueden vender más mientras lo hacen, nos dice Andrew mientras esgrime cómo la consideración de contratación de productos de Citibank creció 43 puntos gracias a Citi Bike. Y ahí llegan propuestas como Pzifer renovando una autovía que se cae a pedazos.

¿De verdad es este el futuro que queremos?

A medida que Essex desarrolla su propuesta los fallos se vuelven cada vez más evidentes.

Carreteras patrocinadas, estaciones de metro "de marca" o bicianuncios no serán el futuro: las primeras iniciativas atraerán la atención, las que vengan detrás serán más ruido en el ecosistema. Y algunos de los patrocinios más conocidos, como el de Vodafone en la estación de Metro de Sol en Madrid, son un ejemplo de que este tipo de iniciativas serán difíciles de encajar para la mayor parte de la sociedad, que percibió como una invasión de su espacio el cambiar el añadir el nombre de una marca a la estación más emblemática de la capital.

Tras terminar el libro tenía algo claro: el que fuera CEO de una de las mejores agencias creativas del mundo estaba tan perdido como cualquier otro, yo incluido.

Así que decidí afrontar la verdad. Una verdad muy sencilla.

Si todavía no tenemos algo que reemplace a la publicidad de interrupción es porque no hay una alternativa única que iguale la escala de la publicidad de interrupción tradicional.

Puede que la mayor parte del mundo la odie, la intente bloquear, la ignore o pague por no verla, pero seguimos sin una alternativa.

La crisis de la publicidad va más allá de la publicidad.

Se traslada a un entorno de medios fragmentados que son incapaces de sobrevivir sin los ingresos de los anuncios, a empresas que no saben vender sin interrumpir, a agencias y responsables de marketing que no son (somos) capaces de vender sin enormes presupuestos que se queman en una carrera hacia el abismo.

Diagnosticar la enfermedad es fácil. Curarla, no tanto

Analizar la "muerte" de la publicidad, su declive inminente es una cosa y proponer vías alternativas que encaucen la inversión de más de 600.000 millones de euros anuales, otra.

Es fácil ver las grietas en el modelo: lo hice yo mismo en la segunda parte de este ensayo, lo hizo Essex en su libro y lo hicieron muchos otros hace décadas. Es difícil negar que a la gente no gusta la publicidad. Lo era desde la época en la que todos íbamos al baño en medio de los anuncios, lo es más cuando Netflix gana suscriptores por millones cada trimestre con una propuesta libre de anuncios.

Pero a la hora de proponer alternativas rara vez nos encontramos más que unos pocos casos elegidos, más las excepciones que la norma, de empresas que han hecho las cosas de forma diferente, a modo de pequeños experimentos. Citi no dejó de hacer anuncios después de Citi Bike. LEGO sigue gastando en publicidad (aunque de forma diversificada y bastante sensata).

Mientras escribía, tenía claro el problema, la teoría era impecable: la interrupción será cada vez más cara, hay menos espacios publicitarios, y los que quedan nos dejan con los clientes o menos rentables o menos inteligentes.

Mientras escribía sentía una profunda disonancia cognitiva: la publicidad estaba herida de muerte, pero el dinero se seguía gastando en interrumpir a las personas.

¿Qué estaba pasando?

No se me ocurrió nada mejor que escribir a **Seth Godin**, con la ayuda de Borja Moya, todo un experto en contactar con gurús, para decirle algo como:

«Ey Seth, soy un gran fan tuyo. Me he liado la manta a la cabeza y estoy escribiendo un manifiesto contra la publicidad de interrupción. Tu libro "Permission Marketing" me parece una joya y creo que anticipaste el futuro, pero, si la interrupción no funciona, ¿por qué seguimos viviendo en un mundo lleno de anuncios que nos atormentan?»

En unas pocas horas tenía su respuesta:

«La interrupción sigue ahí, pero no es lo que funciona.

Lo que está funcionando, en todos los campos, desde la política a la moda, es el permiso de hablar con los auténticos creyentes.»

Con ánimos renovados, decidí continuar. Dediqué días a pensar sobre lo que significa el "permiso de hablar con los auténticos creyentes". Busqué casos, pregunté a amigos y compañeros de profesión sobre su opinión: **¿estaba el fin de la publicidad, tal y como la conocemos, cerca?**

¿Con qué me encontré?

Con escepticismo y desencanto. Los desencantados compartían mi *background*, habían sido parte de la "escuela de los contenidos y las redes sociales" desde hacía años y habían visto cómo la realidad se había mostrado tozuda, cómo el cambio de paradigma nunca había llegado y, con ciertas diferencias, habíamos acabado casi en el punto de partida. Los escépticos se habían saltado el discurso de "la publicidad va a morir", e independientemente de los datos que esgrimiera, se quedaban con cara de "es lo que hay y esto no va a cambiar".

Hubo, eso sí, una opinión que no pude ignorar. La de Pedro Máiquez. Ex-cliente en una vida pasada, ahora es cofundador de Holafly, donde venden tarjetas SIM de datos para viajes al extranjero. Cuando se enteró de que estaba escribiendo un libro sobre "el fin de la publicidad de interrupción" me dijo: *"oye, que esto sigue funcionando"*. Si hay algo a lo que tenemos que prestar atención, siempre, es a los que están en las trincheras: nadie sabe más sobre la efectividad de algo que el que lo paga. En su opinión, lo más importante es trabajar la foto completa: no sólo un canal aislado, porque todo está relacionado. Cuando leí sus respuestas no pude evitar sonreír: pensábamos algo parecido, como cuento casi al final.

Finalmente, encontré un último grupo, minoritario, que me daba la razón sin dudar. Son los que llevan años sin ver un anuncio, porque dejaron de ver la televisión emparrillada, instalaron un bloqueador y desarrollaron al máximo la ceguera publicitaria. Para ellos, era fácil ver lo inevitable, para el resto, no tanto.

Así que como una última fase de procrastinación antes de compartir a lo que creo que se parecerá el futuro, dedicaré unas páginas a examinar el porqué la publicidad ha mantenido su reinado, a pesar de todo.

¿Por qué la publicidad de interrupción ha mantenido su reinado?

Hay dos razones principales:

- La inercia, porque tendemos a repetir lo que ya funciona.

- Y el modelo de negocio de las grandes empresas tecnológicas.

La primera es inherente a los seres humanos. Tendemos a repetir a lo que estamos acostumbrados, sobre todo si en el paso funcionó bien. Encerrados en *loops* infinitos, no salimos de ellos hasta que nos obligan. Pero esto es algo que ocurre en *cualquier parte*. Es la segunda razón la que merece un análisis específico.

El dinero de la publicidad ha moldeado la mayor parte de las industrias de entretenimiento en los últimos siglos

No me dedico a la publicidad. He pasado los últimos años (unos 10) intentando hacer algo distinto: crear algo lo bastante relevante como para que la gente esté dispuesta a participar voluntariamente en ello. Las redes sociales demostraron no ser la solución: el contenido orgánico, sin publicidad, ha perdido la mayor parte de su encanto. Lo que se suponía que iba a ser la alternativa (el contenido de calidad) fue la primera víctima de unas plataformas cuyo modelo de negocio se ha basado principalmente en mostrar anuncios.

Con el crecimiento de las redes sociales y las grandes plataformas digitales lo que hemos vivido es una concentración del sector en un duopolio, con una escala lo bastante grande como para ganar dinero a pesar del interés decreciente y de los bloqueos varios.

Como decíamos al cerrar la primera parte de este manifiesto, la publicidad moldeó a las primeras generaciones de empresas de Internet. En realidad, la publicidad ha moldeado cada nueva revolución en la comunicación de masas. Invadiendo cada nuevo medio, cada vez más rápido.

Pasó casi un siglo desde que empezaron a existir los periódicos hasta que tuvimos el primer anuncio en ellos. Cuando llegó la radio, esta cifra se redujo a la cuarta parte, unos 25 años, y en el caso de la televisión apenas pasaron 5 años (la quinta parte que en los periódicos). En Internet, 4 años separan a la invención de Tim Berners-Lee del primer *banner*, el famoso "*¿Has hecho click aquí?*" que Wired (HotWired por entonces) produjo para AT&T (en realidad, ya hubo algunos banners años antes, pero este fue el primer caso *importante*).

Años desde la creación del medio hasta el primer anuncio

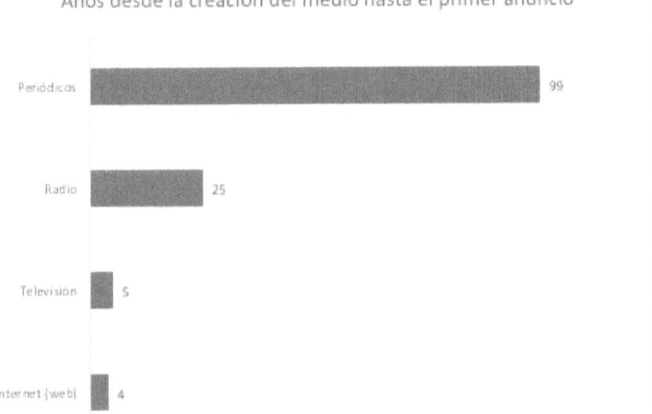

Fuente: elaboración propia.

Si bajamos al detalle con las grandes redes sociales y principales compañías de Internet (Google, Facebook, Instagram, Twitter, Snapchat...), vemos que en un período medio de menos de 3 años todas lanzan su modelo publicitario. Prácticamente todas empiezan con una experiencia libre de anuncios y en cuanto alcanzan cierto tamaño y fidelidad de su base de usuarios, incluyen publicidad. Y todas lo hacen con un patrón similar: pidiendo perdón, pero reconociendo el hecho de que necesitan el dinero y asegurando que *"no van a ser anuncios horribles"*.

El resumen de todas las publicaciones de cada red social podría ser algo como:

¡Hola! Sí, vamos a meter anuncios. Esto no podía estar así de limpio para siempre, nos hacemos mayores y tenemos que pagar las facturas. Eso sí, no vamos a poner anuncios malos, porque todos estáis hartos de eso.

Vamos a poner anuncios especiales que añadan valor a la experiencia.

"Facebook Ads son una forma completamente nueva de publicidad online", declaró Zuckerberg en 2007. *"En los últimos siglos habéis estado empujando los anuncios a la gente, pero ahora podréis ser parte de la conversación"*.

"Los anuncios serán tan naturales para Instagram como las fotos y vídeos que actualmente disfrutas", se esforzaban en explicar desde Instagram unos pocos años después.

De todas las publicaciones, quizá la que mejor resume este espíritu es la de Pinterest. *"Sé lo que algunos estáis pensando"*, escribía el CEO, Ben Silbermann, *"«aquí vienen los banners »*, *pero estamos determinados a evitar eso"*.

Mientras, Snapchat prometía volver a los anuncios *"como solían ser, antes de que se convirtieran en algo que da miedo y nos targetiza"*.

Todas las redes sociales han pasado por un pequeño momento de vergüenza en el que se veía obligada a incluir publicidad, pero siempre prometiendo *"algo distinto a lo que ya había"*. Y en clara contraposición a lo que consideraban *"experiencias basura"* proponían un enfoque donde primaba la transparencia y el buen gusto.

Básicamente, la publicidad ha financiado el entretenimiento y el consumo de información en los últimos siglos, la diferencia es que las empresas tecnológicas han conseguido hacerse, hasta cierto punto, con el control de la publicidad. Las implicaciones de esto han sido enormes: por un lado, como ya vimos, hemos pasado de oligopolios locales a un oligopolio (duopolio más bien) global. Por otro, la publicidad se ha convertido en algo infinitamente más medible y el soporte se ha convertido en el dueño, hasta cierto punto, de la experiencia.

El dinero publicitario es el principal responsable de que las redes sociales o el propio Google hayan acabado por sacrificar la máxima del *"buen contenido y la relevancia"*. En cierto modo, nos encontramos siempre en plena huida hacia delante: aparece un nuevo medio o canal, la gente acude entusiasmada porque no hay anuncios o los que hay son más soportables. Cuanta más gente hay, más dinero llama a las puertas para llegar a esa audiencia. Aparece más y más publicidad, la gente se cansa, los anunciantes observan rendimientos decrecientes y se dedican a interrumpir cada vez más. La gente empieza a mosquearse y a ignorar o bloquear los anuncios. Las marcas ven peores resultados, así que incrementan la presión. Esto continúa hasta que llega un momento en el que la gente se marcha a otro canal menos saturado. Y… vuelta a empezar.

Facebook se convirtió hace años en un claro ejemplo de *"pay to play"*, Google ha ido dando más protagonismo a los enlaces de pago y a respuestas que aparecen directamente en sus propiedades.

Han sido las grandes empresas de Internet las primeras interesadas en evitar que desapareciera la publicidad.

La inercia y el miedo a lo desconocido

En el mundo de la consultoría y de IT se dice mucho eso de *"a nadie la han despedido por contratar a Accenture"*. A nadie le despiden por hacer una campaña de televisión o por poner unos anuncios en prensa, unas cuñas en la radio o por spamear con banners en los que sólo hacen clicks algunos bots. Porque se supone que *"es lo que hay que hacer"*. Pero hacer cualquier otra cosa supone arriesgarse, derribar barreras internas y ponerse en primera línea de batalla. Mientras la publicidad siga funcionando, peor o mejor, seguiremos haciéndola.

Y ahora, ¿qué?

Esta vez, los síntomas son demasiado evidentes: el modelo parece roto. Pero, ¿para quién? Los anunciantes siguen necesitando llegar a su público. Tienen el dinero y la necesidad de vender.

Las primeras grandes víctimas de la digitalización fueron los medios escritos tradicionales. Primero, dejaron de vender ejemplares en papel. Después, a medida que el dinero publicitario, del que dependían directamente, fue migrando a Facebook o Google, sus versiones digitales fueron incapaces de ser lo bastante rentables. Hasta ahora, salvo excepciones, sólo los medios nativos digitales (con estructuras más ligeras) han sido capaces de mantenerse competitivos, aunque sin alcanzar la relevancia que tuvieron en su día los tradicionales.

Las segundas víctimas están siendo las agencias de medios.

La tecnología ha tumbado a los gigantes mundiales de la publicidad

Las agencias de publicidad están bajo presión para cambiar elementos arcaicos e ineficientes de sus modelo de negocio.

The Economist, esta vez en 2018, analiza la "caída" de los grandes[10]. El principal reto que citan es la desintermediación: con sólo *dos* plataformas en las que se invierte la mayor parte de la publicidad, ¿de verdad hacen falta las agencias de medios? Después citan una serie de motivos extra por los que la publicidad se está convirtiendo en un sector complicado. Sí, lo habéis adivinado: migración a plataformas de pago sin anuncios es uno de ellos. El otro es la creciente competencia que están sufriendo sus principales clientes (grandes marcas de consumo, como Unilever o P&G), que acaban recortando presupuesto en publicidad y sustituyendo parte del trabajo de las agencias con recursos internos.

La crisis de la publicidad es más que una crisis de la publicidad. Es la crisis de los medios masivos, la crisis de las grandes marcas de consumo y la crisis de las grandes agencias de medios.

Pero el reemplazo no es el que nos prometieron en los 2000, no es un futuro más abierto y distribuido donde prime la meritocracia. Es un futuro controlado por unas pocas plataformas.

---

[10] El artículo puede leerse aquí:
https://www.economist.com/business/2018/03/28/technology-has-upended-the-worlds-advertising-giants

En busca de alternativas a la publicidad masiva

No hay.

Fin.

Los viejos buenos tiempos no van a volver: y no hay ninguna cura milagrosa. No volveremos a tener una televisión que congregue a medio país por las noches. No habrá un botón mágico para llegar a la gente que queramos. No podremos ir al metro a repartir papeles (a no ser que queramos deprimirnos y acabar escribiendo un libro sobre el fin de la publicidad de interrupción). No podremos poner un post en Facebook y esperar que se vuelva viral y salve nuestro negocio.

No podremos...

No podremos confiar en una única fuente para todo.

Pero esto no quiere decir que no haya opciones.

Que no podamos combinar la creatividad, con la utilidad y la relevancia.

Que no podamos pensar de forma integral en acciones que tengan contenido útil, apoyo de publicidad para alcanzar escala y que confíen en prescriptores o influencers para dar más credibilidad al mensaje y llegar a nuevas audiencias. Tendremos que sacar el máximo partido de nuestros clientes, apoyarnos en ellos como embajadores. Crear productos y servicios de los que merezca la pena hablar.

Pero tendremos que hacerlo *todo* a la vez, porque no habrá una única forma de hacer las cosas.

Los nuevos intentos

Contenido y medios propios, publicidad nativa, inbound marketing, branded content, product placement, influencer marketing, creatividad, gamification, realidad virtual, advergaming, realidad aumentada, programática, storytelling, transmedia, comunidades propias, patrocinios, personalización, experiencias, neuromarketing, blockchain, guerrilla, data driven content, honestidad, valores, permiso, big data, privacidad, bots, hipersegmentación, branding, eventos, esports, inteligencia artificial, asistentes de voz, comercio conversacional.

En el listado anterior he mezclado tácticas y estrategias de todo tipo, nuevas o viejas, efectivas o no, digitales o analógicas. El "contenido es la nueva publicidad", "las comunidades son el nuevo marketing", "la programática cambiará la publicidad" o los "datos son el nuevo petróleo" son frases hinchadas que todos hemos escuchado alguna vez.

Han surgido y resurgido nuevas formas de resolver el problema de base: convencer a los consumidores, vender, dar a conocer un producto, conseguir que se ame a una marca, para convertirla en imprescindible. Algunas cosas son el mismo perro con diferente collar, otras son el mismo collar para un perro nuevo y otras… sólo humo.

Simplificando, podemos dividir los distintos enfoques en **Canales** (nuevos *sitios* dónde llegar a la gente), **Tecnología y Datos** (nuevas formas de alcanzar y optimizar lo que hacemos) y **Narrativas** (formas de contar nuestra historia).

Canales

Con la tecnología han aparecido (y seguirán apareciendo) nuevos canales, con sus propias reglas. El dinero publicitario buscará nuevas vías en las que propagar su mensaje, con el riesgo de arruinarlos por el camino. Sigue siendo la maldición del entretenimiento: como ya hemos visto, cuando aparece un nuevo canal capaz de congregar a una audiencia lo bastante grande, la publicidad irrumpe. No siempre para bien.

Por nuevos canales podemos hablar de influencers (que en 2018 no podemos decir que sean nuevos), de eventos de eSports o de aplicaciones de Realidad Virtual: da igual, son *nuevas* sitios donde llegar a la gente. Patrocinar un evento de eSports, no deja de ser una forma de hacer lo mismo con una nueva audiencia.

He conseguido llegar hasta aquí sin hablar de influencers, pero creo que merece la pena dedicarle ahora unas palabras. ¿Por qué? Porque el desarrollo que está viviendo la industria del *influencer marketing* es muy reveladora y ejemplifica lo que pasa cuando una gran cantidad de dinero entra de golpe en un mercado. El dinero publicitario ha hecho mucho por el desarrollo de las industrias del entretenimiento, pero también es un arma de doble filo y una droga que puede destruir a un sector entero. Distintos informes y fuentes se están poniendo de acuerdo en que el "influencer marketing" está muerto, corrompido por los seguidores falsos, la falta de métricas fiables, las prisas y los precios hinchados. Lo que estamos viviendo es lo que pasa cuando se trasvasa demasiada inversión y demasiado rápido: el *canal* se satura y aparece el fraude, la pérdida de confianza y el descrédito. He visto demasiadas muertes declaradas como para creer que el "influencer marketing ha muerto": **le queda cuerda para rato**, está aquí para quedarse. Pero sí que creo que asistiremos a una racionalización y limpieza en los próximos meses y años.

También podríamos aquí hablar de la publicidad nativa, que en cierto modo pueden ser *"publirreportajes"* con un nuevo disfraz o recomendaciones relativamente engañosas o... Realmente colaboraciones que aportan valor.

Otro ejemplo de canal prometedor del que merece la pena hablar es la voz: se habla cada vez más de los asistentes de voz como el "nuevo mobile". Está por ver, pero por pequeña que sea su influencia, será un canal y una tecnología más a la que adaptarse. ¿El problema? Una vez más, nos encontramos ante un oligopolio global. Dos empresas, Google y Amazon, concentran la mayor parte de las ventas relacionadas con estos dispositivos. Los otros contendientes son Apple y, hasta cierto punto, Facebook y Microsoft. Una vez más, nos encontramos ante un panorama en el que la mayor parte de las empresas no están acostumbradas a jugar.

Tecnología y Datos

Nuevas tecnologías y capacidades de análisis, o mejoras sobre las existentes, que nos permitirán ajustar mejor los mensajes, segmentar mejor a las audiencias o... Perseguir con más eficacia. El mundo del *adtech* no para de lanzar novedades, con mayor o peor fortuna. La programática se vendió como la gran revolución, la tecnología que permitiría llegar a las personas adecuadas en el momento adecuado, generando ingresos para los soportes y siendo rentable para los anunciantes. ¿La realidad? Se ha convertido en la principal piscina de fraude, como contamos en el segundo apartado de este mismo libro. Aquí me permito citar a Javier Recuenco, experto en... Muchas cosas (personotecnia, entre otras), que ya en 2014 nos advertía:[11]

Todo el hype que se está depositando en el Programmatic Marketing es eso, una gigantesca ola de hype. Fundamentalmente por tres razones:

- *Todo lo que se está haciendo es generar una automatización con trazas de inteligencia de un esquema publicitario ya superado*

- *Esta acción genera una falsa sensación de sofisticación y de "estar a la última" que es extremadamente peligrosa*

---

[11] Aquí se puede leer su artículo: https://advertisingwreckage.wordpress.com/2014/09/08/sobre-programmatic-marketing-y-su-camada-de-satan-i/

- *No aborda el combo que realmente va a cambiar el Marketing del siglo XXI: Customer Centricity + Personotecnia*

La programática no salvó a la publicidad, aunque permitió revestir de sofisticación algo que, de base, era cada vez menos defendible.

Cuando hablamos de "nuevas" tecnologías destinadas a cambiar la publicidad, nos referimos a cosas como la programática (en su día) o los DMP (más actuales). **¿El problema?** El que decía Recuenco: no deja de ser dar vueltas sobre lo mismo. La tecnología puede hacer mucho, pero no podrá ser la única vía de salvación.

Narrativas (y otras formas de hacer las cosas)

El *storytelling* y aportar valor (sumar, en lugar de interrumpir) es otra de las máximas propuestas. El *branded content*, el *inbound marketing* o las estrategias de contenidos son algunos de los exponentes de esta tendencia. Quizá sean las técnicas más "opuestas" a la publicidad tradicional, desde hace más tiempo. Personalmente, es el mundo hacia el que siento mayor simpatía, pero por sí sola, hay muy pocas estrategias de contenido que sean suficientes. Aunque hay excepciones de empresas que han seguido la máxima del *"every media is a media company"* y la apuesta por comunidades propias. One Plus, con su marketing de guerrilla y sus acciones centradas en la comunidad podría ser un ejemplo. CrossFit, otro que veremos más adelante.

Todas estas nuevas (o renacidas) formas de llegar a la gente buscan llenar el vacío que deja la publicidad masiva de interrupción. Nuevas formas de lanzar el mensaje, por nuevos medios y con mayores capacidades de medición y optimización.

¿Más tecnología?

¿Más datos?

¿Nuevos canales en los que spamear?

¿Más contenido que nadie tiene tiempo de leer o ver?

¿Es suficiente?

Los 3 grandes retos a los que debe responder cualquier solución que venga a "salvar la publicidad"

Cualquier respuesta que busquemos al dilema publicitario tiene que dar solución a al menos uno de estos 3 problemas: **1)** tiene que ser una alternativa al duopolio hacia el que nos avecinamos (o bien, adaptarse al mismo y sacar partido de las plataformas líderes), **2)** debe resolver la enorme opacidad en la compra de medios y el click-fraud o **3)** debe ser capaz de despertar un interés genuino, real, en las personas.

Romper el duopolio o aprender a vivir en él

¿Es el poder de Google y Facebook incontestable? Quizá lo parezca, pero también lo parecía el reinado de la televisión. O el de AOL. O el de Internet Explorer. Amazon quiere entrar en el terreno de juego publicitario, y tiene muchas papeletas para conseguir un trozo del pastel. ¿Es un *tripolio* mejor que un duopolio? No es una solución ideal, pero nuevas alternativas pueden mejorar los precios e incrementar la competencia.

De momento, una alternativa es aprender a vivir en el duopolio: ser un actor más dentro de una plataforma. Muchas de las grandes marcas del siglo pasado se construyeron sin controlar el canal de distribución, siendo "uno más" en la estantería de centros comerciales o cadenas de supermercados.

Usando esta analogía, no es descabellado que aprendamos a generar interés y a vender sin salir de Facebook Messenger o a gestionar la presencia digital haciendo un uso casi exclusivo de herramientas de Google. En China cada vez más empresas nacen y mueren sin salir jamás del ecosistema de WeChat (la plataforma líder de mensajería y comercio conversacional en China, mucho más ambiciosa que WhatsApp y Facebook) y es posible que nuestro futuro se parezca cada vez más a esto.

Incrementar la transparencia para evitar el fraude

Aunque sea un tema por el que hemos pasado de puntillas, hay varias iniciativas que quieren resolver el problema de opacidad que asola a la industria. ¿Qué pasa desde que el anuncio se crea hasta que el usuario o potencial cliente lo ve? ¿Quién se reparte el dinero? ¿Cómo estamos seguros de que ha sido visto por una persona y no por un bot? La confianza es clave. El uso de blockchain (la tecnología detrás de BitCoin, por resumir) parece prometedor, aunque creo que todavía estamos lejos de llegar a una implantación masiva y que sirva de verdad para salvaguardar los intereses de anunciantes y soportes.

Conseguir la atención para evitar ser bloqueado o ignorado

El *storytelling* y aportar valor. Que nos busquen, en lugar de perseguir. No se trata sólo de crear contenido de valor o de usar medios propios, se trata de aprender a ganar la atención. Los enfoques que se propongan en el futuro deben abordar el problema de fondo que llevamos obviando años: **a nadie le interesan los anuncios**. Está muy bien celebrar la creatividad en Cannes, pero la realidad del día a día es dura, algo que la mayor parte de los creativos publicitarios olvidan entre copas de *champagne* y *gin&tonics*. No quiero decir que *toda* la publicidad sea *horrible* y carente de imaginación, pero en pocas profesiones se puede apreciar un abismo mayor entre el supuesto glamour que desprenden sus protagonistas (los creativos) y la triste realidad. Hay pequeñas muestras de brillantez, como cuando Chipotle convirtió sus bolsas y vasos en una especie de lienzo en el que distintos autores podían compartir breves textos (un caso por el que Essex pasó relativamente de puntillas) o, uno de mis favoritos, cuando Envialia decidió usar sus furgonetas para lanzar mensajes esperanzadores y graciosos en medio de la crisis. O anuncios memorables que forman parte de la infancia y juventud de muchos. Pero son ejemplos aislados, pero que merece la pena recordar.

Cualquier nuevo enfoque tiene que ser capaz de resolver esta paradoja: hay que informar, hay que persuadir, pero **no podemos permitirnos no ser interesantes**. Ya sea porque segmentemos lo bastante bien (conocer el tipo de interés de una hipoteca es relevante cuando estás buscando casa, en cualquier otro momento es ruido), ya sea porque consigamos crear algo valioso.

Necesitamos crear movimientos. Y hay esperanza y auténticos casos de éxito que se plantean desde el principio como iniciativas distribuidas.

CrossFit es un ejemplo. Un deporte que fue oficialmente fundado en el año 2000 y que ahora mismo cuenta con más de 13.000 gimnasios oficiales por todo el mundo. ¿Cuántas campañas de televisión de CrossFit has visto? El crecimiento ha sido orgánico, fundamentado en gran parte en la producción de contenidos propios (documentales, vídeos explicativos, competiciones) que han conseguido convertirlo en el deporte "de moda" en menos de 20 años.

Las estrategias integradas serán lo más parecido a un reemplazo de la publicidad tradicional

¿Por qué se equivocaron las grandes profecías de principios de siglo? Intenté responder a la pregunta hace unas cuantas páginas, pero creo que no lo hice de forma satisfactoria. Creo que el principal error es que llevamos años buscando un reemplazo para la publicidad tradicional.

Y no va a llegar.

Nunca.

Al menos no con una forma única. Si volcáramos todo el dinero que se gasta en televisión y medios masivos en campañas de influencers... Mataríamos a los influencers (en cierto modo, es algo que ya está pasando). Si invirtiéramos todo el dinero que se gasta en publicidad de interrupción en la creación de contenidos, crearíamos un entorno tan saturado de contenido que nadie saldría ganando. Si en lugar de eso convirtiéramos a las empresas en "benefactoras" y las pusiéramos a arreglar carreteras... Bueno, nadie haría caso al patrocinador de la carretera.

No tendremos una solución única. Tendremos un mix. Todo será más duro, más complicado, más competitivo. También será más divertido, más emocionante, más meritorio.

Mi apuesta personal es que el futuro de la publicidad y el marketing pasa por la integración de estrategias pagadas, ganadas y propias.

OnePlus, el fabricante de móviles, pudo empezar sólo con tácticas de guerrilla y venta directa a través de invitaciones que se conseguían en su comunidad propia, pero necesitó la publicidad (participativa, eso sí) para dar el siguiente paso. CrossFit puede ser un ejemplo de creación de una marca en base a los contenidos y el storytelling, pero cuenta con una alianza con Reebok y ESPN. Spotify capta usuarios por el boca oreja y una magnífica experiencia de usuario, pero también hace campañas de publicidad en exteriores (aunque las enriquece con datos).

Apuesto por la creación de un contenido relevante que se apoye en publicidad para ganar escala y en prescriptores e influencers para conseguir más credibilidad y vinculación. No será la única vía, pero sí la más lógica para muchos.

Habrá empresas que se puedan permitir vivir haciendo exclusivamente SEM o SEO, otras que confíen en los algoritmos de Facebook para llegar a la gente, pero la mayor parte de empresas necesitarán apoyarse en productos y servicios diferenciales y en una estrategia de comunicación que se apoye en distintos canales y que saque el máximo partido de medios pagados, ganados y propios.

La interrupción seguirá existiendo, pero…

No será lo que funcione, como me dijo Seth Godin en ese breve email que debería imprimir y pegar en la pared. Estamos asistiendo a su defunción, pero es una muerte lenta. De hecho, nunca morirá del todo. Quedará latente.

Porque siempre será más fácil interrumpir que ganar la atención y convencer.

Es nuestro primer instinto, lo que nos pide el cuerpo. Todos tenemos prisas por vender, y en cuanto la presión de los objetivos asoma es fácil lanzarse al metro a repartir folletos o… Poner un anuncio en Facebook con la palabra "**CHOLLO**" en grande (intentando que ocupe menos del 20 % de la imagen).

El cruce de caminos

Quiero pensar que el futuro se parecerá más al que nos dibujaban los grandes gurús a principios de siglo que al que hemos vivido en los últimos años. Hay muchas señales que así lo indican. No será esa utopía, pero tampoco será un mundo de encefalograma plano. O sí.

Podemos acabar en un mundo en el que la publicidad nos informe y entretenga, nos ayude a encontrar lo que necesitamos y sea una parte natural de nuestro consumo de contenido y experiencias.

Pero el Lado Oscuro seguirá ahí.

Esperando el momento.

Acechando.

El Lado Oscuro en el que podemos acabar es el de la interrupción y el *prerroll*.

Es un mundo en el que nos rendimos.

En el que dejamos de pensar y volvemos a gritar.

En el que sobornamos a Spotify o incluso a Netflix para que se llene de anuncios.

En el que pagamos a un influencer que no tiene nada que ver con nuestra marca, pero tiene muchos followers.

Es el mundo en el que hemos vivido.

Pero en el que muchas personas ya no quieren permanecer.

La tendencia es imparable.

Quizá lleguemos 20 años después de lo que habíamos esperado.

Quizá el cambio no sea para todo el mundo.

Pero la publicidad se está reinventando, aunque sea porque no queda otra.

Sé que planteo más preguntas que respuestas, más dudas que certezas, más problemas que soluciones.

También creo que, al menos en gran parte, ese era mi trabajo.

Tenemos la capacidad de elegir.

Como consumidores tenemos una responsabilidad.

Como profesionales del marketing, la comunicación o la publicidad, otra.

En el fondo, son compatibles, pero nos empeñamos en hacer que no lo sean.

Para acabar, brindemos por un mundo con más creatividad, con más transparencia y honestidad, con menos ruido y más permiso.

Iván Fanego.

Madrid, 5 de agosto de 2018.

Epílogo

«La Fuerza estará contigo. Siempre.»

Obi-Wan Kenobi.

«Esperanza.»

Leia Organa.

«La cita es un sustituto útil del ingenio.»

Cita que se atribuye erróneamente a Óscar Wilde, y que quedaba muy bien para añadir como última cita.

A nadie le interesan tus anuncios: el epílogo

Cuando despiertes, la televisión seguirá ahí. Igual que la radio, la prensa escrita, la digital o las redes sociales. Todas estas plataformas estarán llenas de publicidad. Los anuncios se seguirán lanzando a un público que cada vez está más capacitado para librarse de lo que no le interesa. Cuando lances tu próxima campaña es probable que la mitad del dinero que gastes vaya a los bolsillos de dos empresas en los que tu trabajo no es más que un mal menor que necesitan para pagar las facturas.

Es posible que pienses que nada de lo que has leído aquí tiene sentido. Sinceramente, mientras lo escribía, tenía esa sensación. Leer y releer datos e informes sobre el fin de la publicidad, algunos con décadas de antigüedad y ver lo que había pasado después podía resultar descorazonador.

¿Por qué esta vez iba a ser diferente?

Los datos nos cuentan una historia, pero la realidad siempre es tozuda y no sería la primera vez que la inercia ganara la batalla.

¿Queda algo más que esperar a ver qué pasa?

Sí. Podemos hacer algo.

Como consumidores, podemos apoyar los proyectos que amamos. Podemos donar dinero, pagar suscripciones en Patreon, financiar proyectos en Kickstarter, ignorar y bloquear los anuncios que odiemos. Recompensar la buena publicidad y el buen contenido ayudando a distribuirlo, recomendando. Podemos salvar a los pequeños medios independientes con microdonaciones. Podemos hacer un mundo mejor, paso a paso, peldaño a peldaño.

Como profesionales, podemos arriesgarnos más, proponer acciones que aporten valor a la vida de las personas, que ayuden a crear un mundo mejor, podemos interrumpir menos y educar más.

Este Manifiesto es mi pequeña aportación.

Mi propósito como "consumidor" (odio la palabra, pero es la más fácil de usar en este momento) es aportar a Wikipedia cada año, pagar por el contenido creado por medios independientes que valore, navegar más en Brave y menos en Chrome, donar dinero a los creadores y ayudar a difundir todas las iniciativas que considere que aportan valor a las personas.

Mi propósito como "marketero" (odio este término más que el de consumidor, pero lo usaré en aras de la brevedad) es el de evitar la interrupción a toda costa, proponer iniciativas que aporten valor a la gente, no engañar, ser relevante.

Y ahora, ¿cuál es tu propósito?

Si con este libro (perdón, Manifiesto) he conseguido que pienses más de 5 minutos en esta pregunta, me doy por satisfecho.

Acabas de llegar al final del libro.

¿Esperabas más?

¿Menos?

¿Diferente?

¿Quieres contarme tu experiencia?

¿Saludar?

¿Decirme cuál será tu aportación a un mundo libre de interrupciones?

Me gustaría mantener este libro vivo, y para eso, necesito tu ayuda.

Puedes escribirme a fanego@gmail.com y juntos pensaremos cómo podemos crear un mundo libre de interrupciones.

Agradecimientos

Escribir un libro, incluso uno tan breve como este, es mucho más difícil de lo que parece. Como cualquier tarea mínimamente compleja, no es algo que se haga solo. Aquí va una breve lista de agradecimientos a todas las personas que han tenido algo que ver en esta locura momentánea.

En primer lugar tengo que dar las gracias a **Borja Moya**, que me convenció en pocos minutos de poner el *check* en esta tarea vital que llevaba abierta un tiempo. Este libro nació como un reto mutuo en el que cada uno escribiríamos un libro en 30 días. Ninguno cumplimos el plazo, aunque él se acercó bastante más que yo. No sólo me convenció de poner una fecha para tomármelo en serio, también hizo un gran seguimiento y me ayudó a avanzar cuando todo parecía perdido.

A **Marcos Rodríguez**, por ayudarme a encontrar datos y documentación que convirtiesen esto en algo más que los delirios de un loco.

A **Alfonso Jiménez** que hizo una portada digna de bestseller, paro este pequeño título long tail. Si estás buscando una agencia de diseño y desarrollo, la empresa de Alfonso, **Ziddea**, es posiblemente un gran sitio por el que empezar.

A mi **"queridísimo squad"**, que me soporta cada mañana en la oficina y tiene que escuchar mis accesos de ira anti publicitaria.

A **Daniel González Pollán, Miguel Lasheras, Alberto Ramos y Gonzalo Osés**, que compraron el libro antes de que estuviera realmente listo.

A mi **madre**, por apoyarme cada día (y haberme parido, qué narices).

Y, cómo no, a mi compañera vital, **Tamara Lucas**, que ha tenido la paciencia de aguantarme durante cuantas semanas gruñendo ante la falta de avance. Ella siempre creyó que sería capaz de terminar. Yo tuve mis dudas.

Por supuesto, un último agradecimiento a ti, porque si has llegado hasta aquí sólo puede significar dos cosas: no lo has pasado del todo mal o te has saltado justo al final para ver si había alguna solución fácil.

En cualquier caso, espero no haberte decepcionado.

Si te apetece escribirme, este es mi email: fanego@gmail.com

Sobre el autor - Iván Fanego

He estado tentado de incluir una de esas rimbombantes biografías en tercera persona (como la que uso en la página de venta de este libro), pero si has llegado hasta aquí, sorteando las más de 20.000 palabras que nos separan del prólogo, creo que preferirás algo más personal.

Actualmente analizo software corporativo y de comercio conversacional, sobre todo todo relacionado con WhatsApp, en AppCritic.es, y colaboro con Ahrefs en su blog en español.

En vidas anteriores fui subdirector de Comunicación en Cruz Roja y responsable de Branded Content y Social Media en ING.

Entre 2016-17 viví en Bangkok, donde fui el CMO de la startup 500Trends, marketplace de lifestyle para el sureste asiático donde llegamos a tener más de 60.000 usuarios, pero que tristemente acabó cerrando.

En 2015 decidí tomarme un año sabático para recorrer Asia entrevistando startups en un proyecto conjunto con mi pareja, 2geeks1city. Entrevistamos en vídeo a más de 45 emprendedores y profesionales digitales, publicamos 2 eBooks, unos 120 artículos y 3 breves documentales que puedes encontrar en *www.2geeks1city.com*

Entre 2010 y 2015 trabajé en Territorio creativo (ahora Good Rebels) como Senior Digital Strategist, para empresas generalmente del IBEX-35 en proyectos de Transformación Digital, Loyalty, Content Marketing y Social Media. Tuve el honor de ver cómo pasábamos de 7 personas en una pequeña oficina del centro de Madrid a más de 130 en los casi 6 años que estuve allí. Y si hay un sitio que me enseñó el valor del respeto por el usuario y el cliente, es este. Gran parte de lo escrito aquí lo aprendí en esos años, con esas personas.

Soy fan de Nintendo, Zelda y Mario. Adoro la ciencia ficción, sobre todo la de la Edad Dorada (algo que habrás podido deducir por las citas que abrían cada parte del libro). Disfruto viendo películas de terror solo en casa por la noche.

Siempre tomo café después de comer. Si puedo, acompañado de chocolate negro. Eso sí, con un mínimo de cacao del 95%.

FIN

O no…

La batalla contra la irrelevancia no ha hecho más que empezar

www.ingramcontent.com/pod-product-compliance
Lightning Source LLC
Chambersburg PA
CBHW031415210526
45464CB00005B/1896